MYTHOLOGIE NORDIQUE

Recherches sur l'ancienne religion des habitants du Nord.

MAURICE-ELISABETH DE LAVERGNE DE TRESSAN

FV Editions

TABLE DES MATIÈRES

Avant-propos.	1
1. Odin, ses conquêtes, son arrivée dans le Nord, et les changements qu'il y fit.	3
2. Idée générale de l'ancienne religion des peuples du Nord.	13
3. De la religion des peuples du nord, depuis Odin.	18
4. Dogmes des Celtes sur l'état de l'homme après la mort, et sur les dernières destinées de ce monde.	34
5. Suite de la religion des peuples du Nord, et particulièrement de leur culte.	39
6. Recherches sur l'ancienne religion des premiers habitants de la Grande-Bretagne.	51
7. Idées religieuses des premiers habitants de la Grande-Bretagne.	60
8. Des Druides.	66
9. Des différentes classes des druides ; de leur manière de vivre, de leurs habillements et de leurs fonctions.	71

10. Doctrine des druides ; leurs superstitions ; cérémonie du gui de chêne. 77
11. Principales maximes des Druides. 83
12. Des Druidesses. 86

Vers 4

AVANT-PROPOS.

L'amour du travail, et cette émulation si pardonnable qui porte à ne point se borner à la simple fonction de copier les auteurs qui nous ont précédés, nous a fait faire la longue et pénible étude de lire, comparer et rapprocher tous les ouvrages qui peuvent instruire et faire connaître les coutumes, les mœurs et l'ancienne religion des habitants du Nord. Après avoir réuni tout ce qui nous était nécessaire, et après avoir achevé notre travail, nous avons désiré le perfectionner en profitant des savantes recherches faites par M. Mallet. Les autorités que nous avons consultées étant les mêmes, nos résultats ont dû souvent se ressembler ; mais nous avons trop bien senti la supériorité des talents de cet estimable auteur, pour ne pas reconnaître combien son travail est préférable au nôtre. N'écoutant plus alors que notre désir d'être vraiment utile à l'instruction de la jeunesse, et ne voulant fixer son attention que sur les objets qui sont les plus dignes de l'occuper, nous nous sommes déterminés à procurer à nos lecteurs l'avantage de s'instruire dans M. Mallet lui-même : nous allons leur donner l'extrait des divers articles de son ouvrage, qui traitent de l'ancienne religion des habitants du Nord.

Nous espérons que cet hommage, que nous aimons à rendre au célèbre historien du Danemark, déterminera nos lecteurs à se procurer ses ouvrages, qui réunissent au mérite du style les détails les plus instructifs et les plus intéressants.

Nous nous permettrons quelques additions et quelques changements à mesure que l'ordre général de l'ouvrage et la nature des choses paraîtront l'exiger ; mais pour le plus grand avantage de nos lecteurs, nous conserverons le plus qu'il sera possible le texte élégant de M. Mallet.

ODIN, SES CONQUÊTES, SON ARRIVÉE DANS LE NORD, ET LES CHANGEMENTS QU'IL Y FIT.

Une tradition célèbre, confirmée par les poésies de tous les peuples du Nord, par leurs annales, par leurs institutions et par des usages dont quelques-uns subsistent encore, nous apprend qu'un personnage extraordinaire, nommé Odin, a régné anciennement dans le Nord, qu'il y a opéré de grands changements dans le gouvernement, dans les usages et dans la religion, qu'il y a joui d'une grande autorité, et qu'on lui a même rendu les honneurs divins. Tous ces faits ne peuvent être contestés ; mais l'origine de cet homme, le pays d'où il était sorti, le temps où il a vécu, ainsi que les autres circonstances de sa vie et de sa mort, sont autant de choses incertaines, sur lesquelles les recherches les plus ingénieuses ne nous démontrent que notre ignorance. Tous les témoignages qui méritent quelque sorte de confiance se trouvent compris dans celui de *Snorron*, ancien historien de Norvège, et dans les commentaires que *Torfacus* a joints à sa relation.

La république romaine touchait au faîte de la puissance, et ne voyait plus rien dans la partie connue du monde qui ne reconnût ses lois, lorsqu'un événement lui suscita des ennemis jusque dans le fond des forets de la Scythie, et sur les bords du Tanaïs. *Mithridate*, en fuyant, avait attiré *Pompée* dans les déserts. Ce roi du Pont y cherchait un asile et de nouveaux moyens de vengeance. Il espérait d'armer contre l'ambition de Rome tous les peuples barbares, ses voisins dont elle menaçait la liberté. Il y réussit d'abord ; mais ces peuples, alliés peu fidèles, soldats mal armés, et plus mal disciplinés, furent forcés de céder au génie de *Pompée*. *Odin* était, dit-on, de ce nombre. Obligé de se dérober par la fuite à la poursuite des Romains, il alla chercher dans des contrées inconnues à ses ennemis, la liberté qu'il né trouvait plus dans sa patrie. Son véritable nom était *Frige*, fils de *Fridulphe*. Il avait pris celui à *Odin*, dieu suprême des Scythes, soit qu'il eût su se faire passer pour un homme inspiré par les dieux, soit qu'il fût le premier prêtre ou le chef du culte qu'on rendait au dieu *Odin*. On sait que plusieurs nations donnaient à leurs pontifes le nom du dieu qu'ils servaient. *Frige*, rempli de ses projets ambitieux, ne manqua pas d'usurper un nom si propre à lui attirer le respect des peuples qu'il voulait assujettir.

Odin commandait, dit-on, aux *Ases*, peuple scythe, dont la patrie doit avoir été entre le Pont-Euxin et la mer Caspienne. Leur ville principale était *Asgard*. Le culte qu'on y rendait au dieu suprême était célèbre dans tous les pays voisins ; et c'était Odin qui en faisait les fonctions en chef, aidé par douze autres pontifes, espèces de druides qui rendaient aussi la justice. *Odin* ayant réuni sous ses drapeaux la jeunesse des pays voisins, marcha vers les pays du Nord et de l'Occident de l'Europe, soumettant, dit-on, tous les peuples qui se trouvaient sur son passage, et leur donnant quelques-uns de ses fils pour les commander. C'est ainsi que *Suavlami* eut la Russie ; *Baldeg*, la Saxe occidentale ou la Westphalie ; *Segdeg*, la Saxe orientale ; et *Sigge*, la Franconie. La plupart des familles souveraines du Nord descendent de ces princes. Ainsi, *Horsa* et *Hengist*, chefs de ces Saxons qui soumirent la Bretagne dans le cinquième siècle, comptaient *Odin* ou *Woden*, au nombre de leurs ancêtres : il en était de même des autres princes

Anglo-Saxons. Le nom d'*Odin* désignait donc le dieu suprême des Scythes et des Celtes. On sait aussi que les héros de toutes ces nations se prétendaient issus de leurs dieux, et surtout du dieu de la guerre. Les historiens de ces temps (c'est-à-dire les poètes) accordaient le même honneur à ceux dont ils chantaient les louanges, et multipliaient ainsi les descendants d'Odin, ou du dieu suprême.

Après avoir soumis autant de peuples à suivre les rites du culte de sa patrie, *Odin* prit la route de la Scandinavie par la Chersonèse Cimbrique. Ces provinces ne lui résistèrent point ; et, peu de temps après, il passa dans la *Fionie*, qui devint sa conquête aussitôt qu'il s'y présenta. Il s'arrêta longtemps, dit-on, dans cette île agréable, et il y bâtit la ville d'*Odensée*, qui conserve encore dans son nom le souvenir de son fondateur. De là ses armes s'étendirent sur tout le nord ; il soumit le reste du Danemark, y fit reconnaître son fils *Sciold* en qualité de roi, titre que personne n'y avait encore porté (selon les *annales islandaises*), et qui passa à ses descendants, appelés de son nom *Scioldungiens*,

Odin, plus satisfait de donner des couronnes à ses fils que de régner lui-même, se rendit ensuite en Suède, où régnait un prince nommé Gylphe, qui, regardant l'auteur d'un nouveau culte, consacré par de si brillantes conquêtes, comme un être extraordinaire, lui rendit de grands honneurs, et l'adora même comme une divinité. Cette opinion, favorisée par l'ignorance des peuples, lui acquit bientôt en Suède la même autorité qu'en Danemark ; les Suédois vinrent en foule lui rendre leurs hommages, et déférèrent d'un consentement unanime le titre et le pouvoir de roi à son fils *Yngue* et à sa postérité. De là les *Ynglingliens*, nom qui a servi long-temps à désigner les premiers rois de Suède. Gylphe mourut ou fut oublié. Odin gouverna avec un empire absolu. Il fit de nouvelles lois, introduisit les usages de son pays, établit à *Sigutna* (ville aujourd'hui détruite, et située dans la même province où est Stockholm) un conseil ou tribunal suprême, composé de douze seigneurs ou druides. Ils devaient veiller à la sûreté publique, rendre la justice au peuple, présider au nouveau culte, et conserver fidèlement le dépôt des connaissances religieuses et magiques de ce prince.

Tant de conquêtes n'avaient point encore satisfait son ambition. Le désir d'étendre sa religion, sa gloire et son autorité, lui fit entreprendre de soumettre la Norvège. Son bonheur et son habileté l'y suivirent ; ce royaume obéit bientôt à un fils d'Odin, nommé *Sœmungue,* qu'on n'a pas manqué de faire l'auteur de la famille dont les diverses branches régnèrent ensuite long-temps dans le même pays.

Après ces glorieuses expéditions, Odin se retira dans la Suède, où, sentant approcher sa fin, il ne voulut pas attendre des suites d'une maladie, la mort qu'il avait tant de fois bravée dans les combats. Ayant rassemblé ses amis et ses compagnons de fortune, il se fît neuf blessures en forme de cercle avec la pointe d'une lance, diverses autres découpures dans la peau avec son épée ; il déclara ensuite, en mourant, qu'il allait en Scythie prendre place avec les autres dieux, à un festin éternel, où il recevrait, avec de grands honneurs, ceux qui, après s'être intrépidement exposés dans les combats, seraient morts les armes à la main. Dès qu'il eut rendu le dernier soupir, on porta son corps à *Sigutna*, où, conformément à l'usage qu'il avait apporté dans le nord, il fut brûlé avec beaucoup de pompe et de magnificence.

Telle fut la fin de cet homme, aussi extraordinaire à sa mort que pendant sa vie. Quelques savants ont supposé que le désir de se venger des Romains fut le principe de toute sa conduite. Chassé de sa patrie par ces ennemis de toute liberté, son ressentiment, disent-ils, fut d'autant plus violent, que ces Scythes regardaient comme un devoir sacré de venger leurs injures et celles de leurs parents et de leur patrie. Il ne parcourut donc tant de contrées éloignées, et n'y établit avec tant d'ardeur sa doctrine sanguinaire, qu'afin de soulever tous les peuples contre une puissance odieuse et formidable. Ce levain fermenta long-temps en secret dans les esprits des nations du Nord ; mais, le signal étant donné, d'un commun accord elles fondirent sur cet ambitieux empire, et vengèrent enfin, en le renversant, l'affront fait à leur fondateur et à tous les peuples qu'ils avaient dépouillés et foulés à leurs pieds.

Je ne puis me résoudre, dit M. Mallet, à faire des objections contre une supposition si ingénieuse. Elle ajoute trop d'importance à l'histoire du Nord ; elle y met trop d'intérêt, trop de poésie, si j'ose ainsi parler, pour que je ne consente pas que ce soit là autant de preuves qui déposent en sa faveur. J'avoue cependant qu'il est peut-être plus simple de ne voir dans Odin que le fondateur d'un nouveau culte inconnu aux Scandinaves. Peut-être, en effet, lui, ses pères, ou les auteurs de sa religion, sont-ils venus de quelque contrée de la Scythie et des confins de la Perse. Il est plus probable encore que le dieu dont il se dit le prophète et le pontife se nommait *Odin* chez ces nations, et que l'ignorance des âges suivants confondit la divinité avec le prêtre, et fit, des attributs de l'une, et de l'histoire de l'autre, un mélange où nous ne pouvons plus rien distinguer aujourd'hui. Les détails conservés sur Odin par les Islandais confirment ces conjectures.

Un des artifices qu'il employait avec le plus de succès pour se concilier le respect du peuple, était de consulter, dans les affaires difficiles, la tête d'une certaine *Mimer*, qui, pendant sa vie, avait eu une grande réputation de sagesse. Cet homme ayant eu la tête coupée, Odin la fit embaumer ; et sut persuader aux Scandinaves qu'il lui avait rendu la parole par ses enchantements. Il la portait toujours avec lui, et lui faisait prononcer les oracles dont il avait besoin. Un artifice semblable rappelle le pigeon qui portait à Mahomet les ordres du ciel, et montre la superstition des hommes qui leur obéissaient. Un autre trait de ressemblance entre ces deux imposteurs, c'est l'éloquence dont ils ont été doués. Les *chroniques islandaises* peignent Odin comme le plus persuasif des hommes. Bien, disent-elles, ne pouvait résister à la force de ses discours ; quelquefois il mêlait à ses harangues des vers qu'il composait sur-le-champ. Non-seulement il était grand poète ; mais le premier il avait fait connaître aux Scandinaves les charmes de la poésie. Il était l'inventeur des caractères *runiques* ; mais ce qui contribua le plus à le faire passer pour un dieu, c'est la croyance où l'on était qu'il excellait dans la magie. On croyait qu'il pouvait parcourir l'univers en un clin d'œil, qu'il disposait de l'air, des tempêtes ; qu'il pouvait ressusciter les morts, prédire l'avenir, se transformer à sa volonté ; que, par la force de ses enchantements, il ôtait la force à ses ennemis, rendait à ses amis la santé, et découvrait tous les trésors cachés sous la terre. Ces chroniques, plus poétiques que fidèles, disent qu'il chantait des airs si mélodieux et si tendres, que les ombres, attirées par la douceur de ses chants, quittaient leurs noirs abîmes pour venir se ranger autour de lui.

Autant son éloquence, son air auguste et vénérable, le faisaient chérir et respecter au milieu d'une assemblée, autant il était redoutable et furieux dans la mêlée. La terreur qu'il inspirait à ses ennemis était si grande, que, pour la peindre, on dit qu'elle les rendait sourds et aveugles. Aussi terrible que les taureaux et les lions, ou tel qu'un loup désespéré, il se jetait au milieu des rangs ennemis en mordant son bouclier avec fureur. Il faisait autour de lui un horrible carnage, sans jamais recevoir aucune blessure. On sent, en lisant ces brillantes descriptions, que les historiens qui nous les ont transmises étaient des poètes. Odin, apportant avec lui des arts inconnus dans le Nord, une magnificence extraordinaire, beaucoup d'adresse, et des talents peu communs, put facilement passer pour un dieu dans un pays où personne ne l'égalait, et dans lequel on donnait le nom de prodiges à tout ce dont on était étonné.

IDÉE GÉNÉRALE DE L'ANCIENNE RELIGION DES PEUPLES DU NORD.

Les auteurs grecs et latins eurent pendant long-temps peu de communications avec les peuples du Nord, qu'ils nommaient barbares. Ils ignoraient leur langue, et les Celtes se faisaient un scrupule de développer aux étrangers le fond de leur doctrine. Ceux-ci, réduits à demeurer simples spectateurs de leur culte, ne pouvaient en saisir l'esprit qu'avec peine. Cependant, en rassemblant les traits conservés par ces différents écrivains, et en les comparant avec les chroniques du Nord, on peut espérer de parvenir à distinguer les objets les plus importants.

La religion des Scythes paraît avoir été simple dans les premiers temps. Elle n'enseignait qu'un petit nombre de dogmes, qui ont été probablement la seule religion des premiers habitants de l'Europe. On remarque généralement que, sous les climats méridionaux, les hommes naissent avec des imaginations vives, fécondes et inquiètes ; avides du merveilleux, leurs passions ardentes leur permettent rarement de garder un juste équilibre. Dès qu'ils ont eu altéré et ensuite perdu le souvenir des premières traditions, ils ont dû s'égarer avec une vitesse effrayante. De là les délires des Égyptiens, des Syriens, des Grecs après eux, et ce chaos connu sous le nom de mythologie. Dans le Nord, au contraire, les opinions eurent moins d'inconstance ; la rigueur du climat enchaîne les esprits, ralentit l'imagination, réduit les passions ; et l'homme, ne pouvant rien obtenir que par un travail pénible, détourne sur des objets de première nécessité, cette activité qui produit sous les zones brûlantes tant d'inquiétude et de légèreté. Cependant, à la longue, les Scythes laissèrent corrompre leur culte par un mélange de cérémonies, les unes ridicules et les autres cruelles. Il faudra donc distinguer deux âges dans la religion de ces peuples, et ne point confondre les fictions de leurs poètes avec la croyance de leurs sages. Cette religion des sages enseignait qu'il y avait *un dieu suprême maître de l'univers, auquel tout était soumis et obéissant*. Tel était le dieu des Germains ; selon le rapport de *Tacite*. L'ancienne mythologie islandaise appelait Dieu *l'auteur de tout ce qui existe, l'éternel, l'ancien, l'être vivant et terrible, le scrutateur des choses cachées,* l'immuable. Elle attribuait à ce dieu *une puissance infinie, une science sans bornes, une justice incorruptible.* Il était défendu de présenter la divinité sous une forme corporelle : elle ne permettait pas même qu'on la renfermât dans une enceinte de murailles. On ne pouvait la servir dignement que dans le fond des retraites ou dans des forêts consacrées. Là elle régnait dans le silence, et se rendait sensible dans le respect qu'elle inspirait. La représenter sous une figure humaine, lui supposer un sexe, lui ériger des statues, paraissaient une extravagance impie. De cette divinité suprême émanait une infinité de génies subalternes, dont chaque partie du monde visible était le siège et le temple : ces intelligences en dirigeaient les opérations ; la terre, l'eau, le feu, l'air, le soleil, la lune, les astres, les arbres, les forêts, les fleuves, les montagnes, les vents, la foudre, les tempêtes, obtenaient un culte religieux, mais qui, dans les commencements, ne se dirigeait que vers l'intelligence qui les animait. Le motif de ce culte était la crainte d'un dieu irrité par les péchés des hommes, mais clément, exorable aux prières et au repentir. On s'élevait à lui comme au principe actif qui a tout produit, et comme à l'unique agent qui conservait les êtres et dispensait les événements, *Servir la divinité par les sacrifices et les prières ; ne faire aucun toit aux autres : être brave et intrépide,* telles étaient toutes les conséquences morales que l'on tirait de ces dogmes. Enfin la croyance d'une vie à venir cimentait cet édifice religieux ; des supplices cruels étaient réservés à ceux qui auraient méprisé ces trois préceptes fondamentaux, tandis que des délices sans nombre et sans fin devaient récompenser les hommes justes, religieux et vaillants.

Tels sont les principaux traits de cette religion, qui fut probablement pendant plusieurs siècles celle de la plupart des peuples du nord de l'Europe, et sans doute aussi celle de plusieurs nations de l'Asie. Elle conservait encore une assez grande pureté vers la fin de la république romaine. Le témoignage de quelques auteurs prouve que les Germains en avaient retenu les dogmes principaux, tandis que les autres peuples, vaincus par les armes et le luxe des Romains, adoptaient leurs dieux et se soumettaient à leur joug. Il est donc probable que ce fut au temps de l'arrivée d'Odin que cette religion perdit sa première pureté ; il paraît que ce conquérant, en se donnant aux peuples du Nord pour une divinité redoutable, n'eut d'autre but que d'assurer sa domination.

DE LA RELIGION DES PEUPLES DU NORD, DEPUIS ODIN.

L'*Edda* des Islandais et leurs anciennes poésies sont les seuls monuments qui peuvent nous donner quelques lumières sur l'ancienne religion des habitants du Nord. C'est en puisant dans ces sources que nous apprenons que la plus sensible altération quelle éprouva concerna le nombre des dieux que l on devait adorer. Les Scythes adoptaient, comme le point capital de leur religion, l'adoration d'un seul être parfait, tout puissant et supérieur à toutes les intelligences dont la nature était peuplée. Cette doctrine si raisonnable avait tant de force sur leurs esprits, qu'ils témoignèrent souvent leur haine et leur mépris pour le polythéisme de ces mêmes nations qui les traitaient de barbares : et toutes les fois qu'ils se trouvaient les plus forts, leur premier soin était de détruire tous les objets d'un culte idolâtre. Les funestes effets de l'exemple et du temps détruisirent la simplicité de cette religion, et les Scandinaves finirent par associer au dieu suprême les divinités subalternes. La crainte, les désirs, les besoins, les passions fuient l'origine de ce culte coupable, et l'on n'ignore pas que les mêmes causes ont corrompu toutes les religions imaginées par les hommes. Ces peuples dégénérés commencèrent à croire qu'un seul être ne pouvait veiller à toutes les parties de l'univers ; ils crurent devoir appeler à son secours des esprits, des génies, des divinités de tout genre. Mais leurs passions dominantes devinrent la mesure déshonneurs qu'ils rendaient ; ce fut ainsi que le dieu suprême, dont l'idée première embrassait tout ce qui existe, ne fut plus honoré par le plus grand nombre des Scandinaves, que comme le dieu de la guerre. Nul objet, suivant eux, ne pouvait être plus digne de son attention et plus propre à faire éclater son pouvoir ; de là ces peintures affreuses qui, dans la mythologie islandaise, nous montrent *Odin* comme *le dieu terrible et le sévère, le père du carnage, le dépopulateur, l'incendiaire, l'aigle, le bruyant* y *celui qui donne la victoire, qui ranime le courage dans le combat, qui nomme ceux qui doivent être lues.* Les guerriers en allant au combat, faisaient le vœu de lui envoyer un certain nombre d'âmes ; ces âmes étaient *le droit d'Odin*. On croyait qu'il venait souvent dans la mêlée, enflammer la fureur des combattants, frapper ceux qu'il destinait à périr, et emporter leurs âmes dans les demeures célestes.

Cependant, suivant l'ancienne mythologie islandaise, cette divinité terrible, qui se plaisait à répandre le sang des nommes, en était le créateur et le père. *Dieu*, dit l'*Edda*, *vit et gouverne pendant les siècles, dirige tout ce qui est haut et tout ce qui est bas, ce qui est grand, ce qui est petit. Il a fait le ciel, l'air et l'homme qui doit toujours vivre ; et avant que le ciel et la terre fussent, ce dieu était déjà avec les géants.* Il est vraisemblable que l'ambitieux Odin confondit et mêla ainsi ces diverses doctrines, afin de consolider l'empire qu'il avait usurpé sur les hommes et sur leurs opinions. Il reste même encore aujourd'hui quelques traces du culte qu'on lui rendait parmi les peuples du Nord. Le quatrième jour de la semaine porte presque généralement son nom. On le nomme, suivant les différents dialectes, *Odensdag, Ousdag, Wodensdag* et *Wednesday, jour d'Odin*. Ce dieu passait aussi pour l'inventeur de tous les arts : on crut qu'il répondait au *Mercure* des Grecs et des Romains, et l'on désigna le jour qui lui était consacré par celui du jour de Mercure, *Mercredi*.

Après Odin, la principale divinité du Nord était *Frigga* ou *Fréa*, sa femme. Tous les peuples Celtes, les anciens Syriens, et les premiers habitants de la Grèce croyaient que le dieu céleste s'était uni avec la terre pour produire les divinités subalternes, l'homme et toutes les créatures. C'était là-dessus qu'était fondée la vénération qu'ils avaient pour la terre. Ils l'appelaient la *terre mère, la mère des dieux*. Les Phéniciens adoraient ces deux principes, sous les noms de *Tautès* et d'*Astarté*. Quelques nations scythes les nommaient *Jupiter* et *Apia* ; les Thraces, *Cotis* et *Bendis* ; les Grecs et les Romains, *Saturne* et *Ops*. Les Scythes servaient la terre comme une épouse du dieu suprême ; Tacite attribue le même culte aux Germains, et surtout aux peuples du nord de la Germanie. On ne saurait douter que *Hertus*, ou la terre, dont il parle, n'ait été la même que la Fréa des Scandinaves. En tudesque, *Fréa* ou *Frau*, signifie une femme.

Dans la suite des temps, cette *Fréa* devint la déesse de l'amour et de la débauche, la Vénus du Nord, sans doute parce qu'elle passait pour être le principe de toute fécondité, et la mère de tout ce qui existe. C'était à elle qu'on s'adressait pour obtenir des mariages et des accouchements heureux. Elle dispensait les plaisirs, le repos, les voluptés. L'*Edda* l'appelle la plus favorable des déesses. Fréa partageait avec Odin les âmes de ceux qui étaient tués à la guerre. Le sixième jour de la semaine lui était consacré, sous le nom de *Freytag*. C'est ce même jour que les Latins nommaient *dies Veneris*, le jour de Vénus, *Vendredi*.

La troisième divinité principale des Scandinaves se nommait Thor. Jules César parle expressément d'un dieu des Gaulois qui présidait aux vents, aux tempêtes. Il le désigne par le nom latin Jupiter ; mais Lucain lui donne un autre nom, qui a plus de rapport avec celui de *Thor* : il l'appelle *Taranis*, nom qui, chez les Gallois, signifie encore le tonnerre. L'autorité de *Thor* s'étendait sur les vents, les saisons et la foudre. Dans le système primitif de la religion du Nord, Thor n'était vraisemblablement qu'une divinité subalterne, née de l'union d'*Odin* avec la *Terre*. L'*Edda* l'appelle le plus vaillant des fils d'Odin ; et la massue dont il est armé, et qu'il lance dans les airs contre les géants, désigne la foudre. Il était regardé comme le défenseur et le vengeur des dieux. Outre cette massue qui revenait d'elle-même dans la main qui l'avait lancée, et qu'il tenait avec des gantelets de fer, il possédait une ceinture qui renouvelait la force à mesure que l'on en avait besoin ; c'était avec ces armes redoutables qu'il combattait les ennemis des dieux.

Les trois divinités que nous venons de nommer composaient la cour ou le conseil suprême des dieux ; ils étaient le principal objet du culte. Mais tous les Scandinaves n'étaient point d'accord sur celui qui devait avoir la préférence. Les Danois honoraient particulièrement *Odin* ; les Norvégiens croyaient être sous l'immédiate protection de *Thor* ; et les Suédois avaient choisi pour leur dieu tutélaire *Freya*, qui, suivant l'*Edda*, présidait aux saisons de l'année, et donnait la fertilité, les richesses et la paix.

Le nombre et l'emploi des divinités du second ordre n'est pas aussi facile à déterminer ; nous ne ferons qu'indiquer les principales. L'*Edda* compte douze dieux et douze déesses, qui recevaient les honneurs divins, mais dont le pouvoir était subordonné à celui d'*Odin*, le plus ancien des dieux, et le principe de toutes choses. Tel était *Niord*, le Neptune du Nord, qui régnait sur l'a mer et sur les vents. Les Celtes le plaçaient au rang des dieux élémentaires ; mais l'importance et l'étendue de son empire le faisaient redouter. L'*Edda* recommande de l'adorer dévotement, de peur qu'il ne fasse du mal. C'est ainsi que l'on éleva des temples à la fièvre, car la crainte est la plus superstitieuse des passions.

Balder était un autre dieu, fils d'Odin, sage, éloquent et doué d'une si grande majesté, que ses regards étaient resplendissants. C'était le soleil des Celtes, le même que les Grecs nommaient Apollon. *Tyr*, qu'il faut distinguer de *Thor*, était un dieu guerrier, protecteur des braves et des athlètes. *Bragé* était le dieu de l'éloquence et de la poésie. Sa femme *Iduna* avait la garde de certaines pommes dont les dieux mangeaient quand ils se sentaient vieillir, et dont le pouvoir était de les rajeunir. *Hiemdal* était leur portier. L'arc-en-ciel était le pont qui communiquait du ciel à la terre ; *Hiemdal* veillait à ses extrémités pour empêcher les géants de monter au ciel ; il dormait aussi légèrement que les oiseaux ; pendant le jour et la nuit, il apercevait les objets à plus de cent lieues de distance, il entendait croître les herbes des prés et la laine des brebis ; il portait d'une main une épée, et de l'autre une trompette dont le bruit se faisait entendre dans tous les mondes. Les Scandinaves donnaient le nom de *Loke* au mauvais principe, et le plaçaient au nombre des dieux. C'est, dit l'*Edda*, *le calomniateur des dieux, le grand artisan des tromperies, l'opprobre des dieux et des hommes. Il est beau de sa figure, mais son esprit est méchant, et ses inclinations inconstantes ; personne parmi les mortels, ne le surpasse dans l'art des perfidies et des ruses*. Il a eu plusieurs enfants de *Signie*, sa femme. Trois monstres aussi lui doivent l'existence : le loup *Fenris*, le serpent *Migdard*, et *Héla*, ou la *Mort*. Tous les trois sont ennemis des dieux, qui, après divers efforts, ont enfermé le loup *Fenris*, jusqu'à ce qu'au dernier jour il sera lâché, et dévorera le soleil. Le serpent a été jeté dans la mer, on il restera jusqu'à ce qu'il soit vaincu par le dieu *Thor* ; et *Héla*, ou la Mort, est reléguée dans les demeures inférieures, où elle a le gouvernement de neuf mondes, dont elle fait le partage entre ceux qui lui sont envoyés. *Loke*, enfermé par les dieux dans une caverne fermée par trois pierres tranchantes, frémit avec tant de rage, que c'est lui qui cause des tremblements de terre. Il y restera captif jusqu'à la fin des siècles ; mais alors il sera tué par *Hiemdal*, l'huissier des dieux.

La mythologie islandaise comptait douze déesses, à la tête desquelles était *Fréa* ou *Frigga*, l'épouse *d'Odin*. Chacune d'elles avait ses fonctions particulières. *Eira* était la déesse de la médecine ; *Gélione*, celle de la virginité : *Fulla*, confidente de *Fréa*, prenait soin de la parure ; *Freya*, déesse des amans, et plus fidèle que Vénus, pleure sans cesse son mari *Odrus*, qui est absent ; mais ses larmes sont des gouttes d'or ; *Lofna* raccommode les époux les plus désunis ; *Vara* reçoit leurs serments, et punit ceux qui les violent ; *Snotra* est la déesse des sciences et des bonnes mœurs ; *Gna* est la messagère de *Fréa*.

Outre ces douze déesses, il y a d'autres vierges dans le *Valhalla*, ou le paradis des héros ; elles sont chargées de les servir, et se nomment *Valkiries*. Odin les emploie aussi dans les combats, pour choisir ceux qui doivent être tués, et pour faire pencher la victoire du côté qu'il lui plaît ; car ces peuples courageux se gardaient bien d'attribuer les défaites à leur faiblesse, ils ne les attribuaient, ainsi que la victoire, qu'à la seule volonté d'Odin.

La cour des dieux se tient ordinairement sous un grand frêne ; c'est là qu'ils rendent la justice. Ce *frêne* est le plus grand de tous les arbres ; ses branches couvrent la surface du monde, son sommet touche aux cieux ; il est soutenu par trois grandes racines, dont une s'étend jusqu'au neuvième monde, ou les enfers ; un aigle, dont l'œil perçant découvre tout, repose sur ses branches, un écureuil monte et descend sans cesse pour faire ses rapports ; plusieurs serpents enchaînés sur son tronc, s'efforcent de le détruire : dans une source voisine, appelée *la fon-*

taine des choses passées, trois vierges puisent continuellement une eau précieuse, dont elles arrosent le frêne. Cette eau entretient la beauté de son feuillage, et, après avoir rafraîchi ses branches, elle retombe sur la terre, où elle entretient la rosée dont les abeilles composent leur miel. Les trois vierges, ou *Fées*, se tiennent toujours sous le frêne ; elles dispensent les jours des hommes ; chaque homme a la sienne, qui détermine la durée et les événements de sa vie ; les trois principales se nomment le Passé, le Présent et l'Avenir.

Telles étaient les principales divinités du Nord, ou plutôt les idées que les poètes en donnaient aux peuples crédules. C'était par les fictions, quelquefois ingénieuses, qu'ils cherchaient à relever la simplicité de leur religion ; mais un grand nombre de passages des anciens historiens prouve que beaucoup de guerriers ne suivaient pas cette croyance et ne reconnaissaient d'autres divinités subalternes que leur courage.

Après avoir indiqué les noms et les attributs des principaux dieux, nous exposerons quelques autres dogmes de la religion celtique. Nous les prendrons dans l'*Edda*, et dans le poème nommé *Volupsa*. On croit que ce dernier fut composé par *Sœmond*, surnommé le *Savant*. On trouve encore plusieurs fragments de cette *pre-*

mière Edda ; le plus précieux est le poème intitulé *Volupsa*, c'est-à-dire *Oracle de la Prophétesse*. Il contient environ quatre cents vers, et renferme un abrégé de toute la mythologie du Nord.

Le dieu suprême était regardé comme le créateur du ciel et de la terre. Ce que la mythologie islandaise nous a conservé là-dessus mérite d'autant plus d'attention, qu'en nous découvrant les sentiments des anciens Celtes sur ce point important, elle s'exprime quelquefois avec une élévation sublime, et nos lecteurs vont juger eux-mêmes combien il est facile d'en faire le rapprochement avec la tradition sainte.

« Dans l'aurore des siècles, dit le poète, il n'y avait ni mer, ni rivage, ni zéphyrs rafraîchissants. On ne voyait point de terre en bas, ni de ciel en haut ; tout n'était qu'un vaste abîme, sans herbe et sans semence : le soleil n'avait point de palais ; les étoiles ne connaissaient point leurs demeures ; la lune ignorait son pouvoir : alors il y avait un monde lumineux, brûlant, enflammé du côté du midi, et de ce monde s'écoulaient sans cesse dans l'abîme, qui était au septentrion, des torrents de feu étincelant, qui, s'éloignant de leurs sources, se congelaient en tombant dans l'abîme, et le remplissaient de scories et de glaces. Ainsi l'abîme se combla peu à peu ; mais il restait au dedans un air léger et immobile, et des vapeurs glacées s'en exhalaient sans cesse, jusqu'à ce qu'un souffle de chaleur, étant venu du midi, fondit ces vapeurs, et en forma des gouttes vivantes, d'où naquit le géant *Ymer*. On raconte que, pendant qu'il dormait, il se forma de sa sueur un mâle et une femelle, desquels est descendue la race des géants, race mauvaise et corrompue, aussi-bien qu'*Ymer*, son auteur. Il en naquit une meilleure, qui s'allia avec celle du géant Ymer. On appelait celle-ci la famille de *Bor*, du nom du premier de cette famille, qui était père *d'Odin*. Les fils de Bor tuèrent le géant Ymer, et le sang coula de ses blessures en si grande abondance, qu'il causa une inondation générale, où périrent tous les géants, à la réserve d'un seul, qui, s'étant sauvé sur une barque, échappa avec toute sa famille. Alors un nouveau monde se forma. Les fils de Bor, ou des dieux, traînèrent le corps du géant dans l'abîme, et en fabriquèrent le globe ; de son sang ils formèrent la mer et les fleuves ; la terre, de sa chair ; les grandes montagnes, de ses os ; les rochers, de ses dents et des fragments de ses os brisés. Ils firent de son crâne la voûte du ciel, qui est soutenue par quatre nains, nommés Sud, Nord, Est et Ouest. Ils y placèrent des flambeaux pour l'éclairer, et fixèrent à d'autres feux l'espace qu'ils devaient parcourir, les uns dans le ciel, les autres sous le ciel. Les jours furent distingués, et les années eurent leur nombre. Ils firent la terre ronde, et la ceignirent du profond Océan, sur les rivages duquel ils placèrent des géants. Un jour que les fils de *Bor*, ou des dieux, s'y promenaient, ils trouvèrent deux morceaux de bois flottants, qu'ils prirent, et dont ils formèrent l'homme et la femme. L'aîné des fils leur donna l'âme et la vie ; le second, le mouvement et la science ; le troisième leur fit présent de la parole, de l'ouïe et de la vue, à quoi il ajouta la beauté et des habillements. C'est de cet homme, nommé *Askus*, et de cette femme, nommée *Embla*, qu'est descendue la race des hommes, qui a eu la permission d'habiter la terre. »

On doit reconnaître dans cette narration, les vestiges d'une tradition générale, dont chaque peuple a orné, altéré ou supprimé diverses circonstances à son gré. Que l'on compare, en effet, les divers traits que nous venons de rapporter, avec les traditions des Chaldéens, des Syriens, des Égyptiens, avec la *théogonie* d'Hésiode, avec la mythologie des Grecs et des Romains, on se convaincra bientôt que la conformité qui se trouve entre plusieurs circonstances de leurs récits et la *Genèse*, ne peut être un effet du hasard.

La description du chaos, dans l'*Edda*, ce

souffle vivifiant qui produit le géant *Ymer* ; *ce* sommeil, pendant lequel une femelle et un mâle naissent de ses flancs ; cette race des fils des dieux, ce déluge, dont un seul homme échappa avec sa famille, par le moyen d'une barque ; ce renouvellement des mondes qui suit le déluge ; ce premier homme, cette première femme, créés par les dieux, et qui en reçoivent le mouvement, tout cela ne peut être que les vestiges et les souvenirs d'une croyance générale et plus ancienne. On reconnaît dans ces altérations les mêmes allégories, les mêmes fictions, le même désir d'expliquer les phénomènes de la nature, qui ont dicté des fables à tous les peuples. En considérant le style de ces fables, ces expressions, tantôt sublimes, tantôt gigantesques, entassées sans art, les petitesses placées au milieu des peintures les plus magnifiques, le désordre de la narration, le tour uniforme des phrases, on ne peut méconnaître le caractère d'une haute antiquité, et la façon de s'exprimer d'un peuple simple dont l'imagination vigoureuse, méprisant ou ne connaissant pas les règles, se déploie avec toute la liberté et toute l'énergie de la nature.

Selon les Celtes, la matière déjà existante, mais sans forme et sans vie, fut animée et disposée par les dieux dans l'ordre où nous l'admirons aujourd'hui. Nulle religion n'a plus accordé que celle des Celtes à la Providence divine. Ce dogme était pour eux la clef de tous les phénomènes de la nature, sans exception. Tous les corps et tous les êtres agissaient d'après l'influence des intelligences subalternes, qui n'étaient elles-mêmes que les organes et les instruments de la volonté divine. De là cette erreur commune à tant de nations, qui faisait regarder le tremblement des feuilles, le pétillement de la flamme, la chute du tonnerre, le vol ou le chant des oiseaux, les mouvements involontaires des hommes, les songes, les visions, comme des instructions ou des inspirations du dieu suprême. De là les oracles, les divinations, les aruspices, les sorts, les augures, les présages, illusions enfantées par l'inquiétude et la faiblesse humaine. En admettant cette action immédiate et continuelle de la divinité sur toutes les créatures, les Celtes regardaient comme impossible à l'homme de rien changer au cours des choses et de résister aux destinées. Nous avons déjà vu qu'ils admettaient trois Vierges ou Fées, qui déterminaient tous les événements. Chaque homme avait de plus une fée qui assistait au moment de sa naissance, veillait sur lui, et marquait d'avance tous les événements de sa vie et le terme de ses jours. C'est à ce dogme de la mythologie celtique qu'il faut attribuer les fables de la féerie et le merveilleux de nos romans gothiques, comme la mythologie des Grecs et des Romains servait à l'embellissement de leurs fictions, de leurs poèmes et de leurs romans. On conçoit combien la croyance à la prédestination devait ajouter à la témérité des peuples les plus belliqueux de la terre. Les habitants du Nord joignaient à cette doctrine un préjugé plus barbare encore et plus dangereux ; ils croyaient que le terme de la vie d'un homme pouvait être recule si quelqu'un mourait pour lui. Lorsque quelque guerrier célèbre ou quelque prince était près de périr, on croyait qu'*Odin*, apaisé par le sacrifice d'une autre victime, révoquait les destins et prolongeait les jours de celui que l'on voulait sauver.

Les préceptes de la religion celte se bornaient à se montrer intrépide à la guerre, à servir les dieux, à les apaiser par des sacrifices, à n'être pas injuste, à se montrer hospitalier pour les étrangers, à être fidèle à sa parole et à la foi conjugale.

Nous allons à présent développer leurs dogmes sur l'état de l'homme après la mort, et sur les dernières destinées de ce monde.

DOGMES DES CELTES SUR L'ÉTAT DE L'HOMME APRÈS LA MORT, ET SUR LES DERNIÈRES DESTINÉES DE CE MONDE.

« Il viendra un temps, dit l'*Edda*, un âge barbare, un âge d'épée, où le crime infestera la terre, où les frères se souilleront du sang de leurs frères, où les fils seront les assassins de leurs pères, et les pères de leurs enfants, où personne n'épargnera son ami. Bientôt après un hiver désolant surviendra, la neige tombera des quatre coins du monde, les vents souffleront avec fureur, la gelée durcira la terre, trois hivers semblables se succéderont sans qu'aucun été les tempère. Alors il arrivera des prodiges étonnants ; les monstres rompront leur chaîne et s'échapperont, le grand dragon se roulera dans l'Océan, et par ses mouvements la terre sera inondée, les arbres seront déracinés, les rochers se heurteront ; le loup *Fenris*, déchaîné, ouvrira sa gueule énorme, qui touche au ciel et à la terre ; le feu sortira de ses naseaux et de ses yeux ; il dévorera le soleil, et le grand dragon qui le suit vomira sur les eaux et dans les airs des torrents de venin. Dans cette confusion les étoiles s'enfuiront, le ciel sera fendu, et l'armée des mauvais génies et des géants, conduite par leurs princes, entrera pour attaquer les dieux ; mais *Hiemdal*, l'huissier des dieux, se lève, il fait résonner sa trompette bruyante ; les dieux se réveillent et se rassemblent ; le grand frêne agite ses branches ; le ciel et la terre sont pleins d'effroi. Les dieux s'arment, les héros se rangent en bataille ; *Odin* paraît revêtu de son casque d'or et de sa cuirasse resplendissante ; son large cimeterre est dans ses mains ; il attaque le loup *Fenris* ; il en est dévoré, et *Fenris* périt au même instant. *Thor* est étouffé dans les torrents de venin que le dragon exhale en mourant. Le feu consume tout, et la flamme s'élève jusqu'au ciel ; mais bientôt une nouvelle terre sort du sein des flots, ornée de vertes prairies ; les champs y produisent sans culture ; les calamités y sont inconnues ; un palais y est élevé, plus brillant que le soleil, et couvert d'or. C'est là que les justes habiteront et se réjouiront pendant les siècles. Alors le *puissant*, le *vaillant, celui qui gouverne tout*, sort des demeures d'en-haut pour rendre la justice divine ; il prononce ses arrêts ; il établit les sacrés destins qui dureront toujours. Il y a une demeure éloignée du soleil, dont les portes sont tournées vers le nord ; le poison y pleut par mille ouvertures ; elle n'est composée que de cadavres de serpents ; des torrents y coulent, dans lesquels sont les parjures, les assassins et ceux qui séduisent les femmes mariées ; un dragon noir et ailé vole sans cesse autour, et dévore les corps des malheureux qui y sont renfermés. »

Malgré l'obscurité qui règne dans ces descriptions, on voit que les Scandinaves établissaient comme un dogme consacré par la religion, l'immortalité de l'âme et la punition ou la récompense des hommes, suivant qu'ils se conduisaient bien ou mal. Cette idée était générale parmi les Celtes, et c'était sur elle qu'était fondée l'obligation de servir les dieux et d'être brave dans les combats. Sans ce monument de la mythologie islandaise, nous ne connaîtrions que très-imparfaitement ce point important de la religion de nos pères. Remarquons encore que cette mythologie islandaise distingue expressément deux différentes demeures pour les heureux, et autant pour les coupables.

La première était le palais d'*Odin*, nommé *Valhalla*, où ce dieu recevait tous ceux qui étaient morts d'une manière violente, depuis le commencement du monde jusqu'à ce bouleversement général de la nature, qui devait être suivi d'une seconde génération.

La seconde était le palais couvert d'or, où les justes devaient se réjouir éternellement après le renouvellement de toutes choses.

Il en était de même du lieu des supplices. On en distinguait deux, dont le premier, nommé *Nislheim*, devait durer seulement jusqu'à la fin du monde, et le second, nommé *Nastroud*, devait être éternel. Les deux premières demeures semblaient plutôt destinées à récompenser le courage et la violence que la vertu. Ceux-là seuls qui étaient morts dans les combats avaient droit au bonheur qu'Odin préparait dans le *Valhalla*. Toute mort qui n'était point ensanglantée laissait la crainte d'entrer dans le *Nislheim*, séjour composé de neuf mondes, et réservé à tous ceux qui mouraient de maladie ou de vieillesse. *Héla*, ou la mort, y exerçait son empire ; son palais était l'*angoisse* ; sa table, la *famine* ; ses serviteurs, l'*attente* et la *lenteur* ; le seuil de sa porte, le *précipice* ; son lit, la *maigreur*, et ses regards glaçaient d'effroi.

Après avoir lu ces détails, on ne doit point s'étonner si les Scandinaves et les peuples du

Nord faisaient de la guerre leur principale occupation, et s'ils portaient la valeur jusqu'à l'excès du fanatisme.

SUITE DE LA RELIGION DES PEUPLES DU NORD, ET PARTICULIÈREMENT DE LEUR CULTE.

La religion celtique enseignait généralement que c'était offenser les dieux que de prétendre les renfermer dans une enceinte de murailles.

On trouve encore en Danemark, en Suède, en Norvège, au milieu des plaines ou sur les collines, des autels autour desquels on s'assemblait pour les sacrifices et pour les cérémonies religieuses. Trois longs rochers dressés sur le sommet d'une petite colline servent de base à une grande pierre plate, sous laquelle est ordinairement une cavité, qui servait probablement à recevoir le sang des victimes. On trouvait ordinairement auprès, des pierres à feu, car tout autre feu n'était pas assez pur pour un usage si saint. Quelquefois ces autels sont construits avec plus de magnificence, ou plutôt cette magnificence consistait à donner de plus grandes proportions à ces autels. On en trouve encore un en *Sélande*, dont les pierres sont d'une grosseur prodigieuse ; on craindrait aujourd'hui d'entreprendre un pareil ouvrage, même avec les secours de la mécanique, qui manquaient aux hommes d'alors. Ce qui redouble l'étonnement, c'est que ces pierres sont très-rares dans l'île de *Sélande* ; il a fallu les transporter, et ces monuments grossiers sont plus durables que ceux des arts et de l'industrie. Dans tous les temps, les hommes ont cru que, pour mieux honorer la divinité, ils devaient faire pour elle des efforts prodigieux, et lui consacrer leurs richesses. L'Europe et l'Asie prodiguèrent leurs trésors pour construire le temple d'Éphèse. Les peuples du Nord, dont les forces, le courage et la patience étaient les seules richesses, portaient de lourdes masses de rochers sur les sommets des collines. Dans quelques endroits de la Norvège, on trouve aussi des grottes taillées dans le roc avec une patience merveilleuse, et destinées à des usages religieux.

A mesure que les peuples du Nord formèrent de nouvelles liaisons avec les autres peuples du Nord, leur religion s'altéra par degré, peu à peu les temples s'élevèrent, et les idoles furent adoptées. Les trois principaux peuples de la Scandinavie élevèrent des temples à l'Envie ; mais aucun, dit-on, ne fut plus fameux que celui d'*Upsal*, en Suède. L'or y brillait de toute part ; une chaîne de ce métal entourait le toit, quoique sa circonférence eut neuf cents aunes. *Haquin*, comte de Norvège, en avait bâti un, près de *Dronteim*, presque égal à celui d'*Upsal*. Lorsqu'*Olaus*, roi de Norvège, embrassa la foi chrétienne, il fit raser ce temple et briser les idoles. On y trouva des richesses immenses, et, entre autres, un anneau d'or d'un très-grand prix. L'Islande avait aussi ses temples ; les chroniques en citent deux extrêmement célèbres, et situés l'un au nord, l'autre au midi de l'île. Dans chacun de ces temples, dit un auteur de ce pays, on trouvait une chapelle particulière ou lieu sacré. C'est là que les idoles étaient placées sur un autel, autour duquel on rangeait les victimes qui devaient être immolées ; près de la chapelle on voyait un puits profond dans lequel on précipitait les victimes.

Tous ces temples furent rasés lorsque le Danemark embrassa le christianisme ; le souvenir même des lieux qu'ils occupaient est perdu ; mais des tables d'autels dispersées dans les bois et sur les montagnes, témoignent encore que les anciens Danois n'étaient pas moins attachés à ce culte que les autres peuples du Nord.

Le grand temple d'*Upsal* semblait être particulièrement consacré aux trois grandes divinités. On les y voyait caractérisées par leurs symboles particuliers. *Odin* tenait une épée dans sa main. *Thor*, à la gauche d'*Odin*, avait une couronne sur la tête, un sceptre dans une main, et une massue dans l'autre. Quelquefois on le peignait sur un chariot traîné par deux boucs de bois, avec un frein d'argent, et la tête environnée d'étoiles. *Frigga*, à la gauche de *Thor*, était représentée avec divers attributs qui faisaient reconnaître la déesse du plaisir.

On honorait Odin comme le dieu des combats et de la victoire : Thor, comme celui qui gouverne les saisons, qui dispense les pluies, la sécheresse et la fertilité ; *Frigga*, comme la déesse de l'amour et du mariage.

Il y avait trois grandes fêtes religieuses dans l'année. La première se célébrait au solstice d'hiver. Cette nuit s'appelait la *nuit mère*, comme étant celle qui produisait toutes les autres. Cette époque marquait aussi le commencement de l'année, qui, chez les peuples du Nord, se comptait d'un solstice d'hiver à l'autre.

Cette fête, la plus solennelle de toutes, se nommait *Juul*, et se célébrait en l'honneur de

Thor ou du Soleil, pour en obtenir une année fertile. Pendant cette fête, semblable aux saturnales des Romains, les marques de la joie la plus dissolue étaient autorisées.

La seconde fête était instituée en l'honneur de la Terre on de la déesse *Frigga*. On demandait les plaisirs, la fécondité, la victoire. Elle était placée dans le croissant de la seconde lune de l'année.

La troisième fête, en l'honneur d'*Odin*, se célébrait avec beaucoup d'éclat, à l'entrée du printemps, et l'on demandait à ce dieu des combats des succès heureux dans les expéditions projetées.

Dans les premiers temps, les offrandes étaient simples, et telles que des peuples pasteurs pouvaient les présenter. Les prémices des récoltes et les plus beaux fruits de la terre couvraient les autels des dieux. Par la suite, on immola des animaux. On offrit à *Thor* des bœufs et des chevaux engraissés ; à *Frigga*, le pourceau le plus grand que l'on pouvait trouver ; à *Odin*, des chevaux, des chiens, des faucons, et quelquefois des coqs et un taureau gras.

Quand on eut une fois posé pour principe que l'effusion du sang des animaux apaisait la colère des dieux, et que leur justice détournait sur ces innocentes victimes les coups destinés à punir les coupables, des sacrifices si faciles se multiplièrent ; et dans les calamités publiques, ce sang paraissant trop vil, on fit couler celui des hommes. Cet usage barbare et presque universel remonte à la plus haute antiquité ; mais les nations du Nord le conservèrent jusqu'au neuvième siècle, parce qu'ils reçurent seulement alors les lumières du christianisme, et qu'ils ignoraient les arts qui avaient adouci les mœurs des Romains et des Grecs encore païens. Les peuples du Nord croyaient que le nombre trois était chéri des dieux. Chaque neuvième mois ou trois fois trois, on renouvelait les grands sacrifices ; ils duraient neuf jours, et l'on immolait neuf victimes, soit hommes, soit animaux. Mais les sacrifices les plus solennels étaient ceux qui se faisaient à *Upsal*, à chaque neuvième année. Alors le roi, le sénat et tous les individus distingués, devaient y assister et apporter leurs offrandes qu'on plaçait dans le grand temple. Les absents envoyaient leurs présents, et les prêtres étaient chargés de les recevoir. Les étrangers accouraient en foule. On n'en fermait l'accès qu'à ceux dont l'honneur avait souffert quelque tache, et surtout à ceux qui avaient manqué de courage.

Dans les temps de guerre, on choisissait les victimes parmi les captifs, et, pendant la paix, parmi les criminels. Neuf personnes étaient immolées ; la volonté des assistants et le sort, combinés ensemble, réglaient ce choix. Les malheureux que désignait le sort étaient traités avec tant d'honneurs par l'assemblée, on leur prodiguait tellement des caresses et des promesses pour la vie à venir, qu'ils se félicitaient quelquefois eux-mêmes de leurs destinées. Le choix ne tombait pas toujours sur un sang vil ; plus la victime était chère, plus on croyait racheter la bienveillance divine. L'histoire du Nord est féconde en exemples de rois et de pères qui ont fait taire la nature pour obéir à cette coutume barbare.

Quand la victime était choisie, on la conduisait vers l'autel, où brûlait nuit et jour le feu sacré. Parmi les vases de fer et de cuivre, un plus grand que les autres, servait à recevoir le sang des victimes. Après avoir tué promptement les animaux, on ouvrait leurs entrailles pour y lire l'avenir ; ensuite on faisait cuire la chair, que l'on distribuait à l'assemblée.

Lorsque l'on immolait des hommes, ceux que l'on choisissait étaient couchés sur une grande pierre, où ils étaient étouffés ou écrasés. Quelquefois on faisait couler leur sang, et l'impétuosité avec laquelle il jaillissait était l'un des présages les plus respectés ; on ouvrait aussi le corps de ces victimes pour consulter leurs entrailles, et démêler dans leurs cœurs la volonté des dieux, les biens ou les maux à venir. Les tristes restes des objets sacrifiés étaient ensuite brûlés, ou suspendus dans un bois sacré, voisin du temple. On répandait le sang en partie sur le peuple, en partie sur le bois sacré ; on en arrosait les images des dieux, les autels, les bancs et les murs du temple au-dedans et au-dehors.

Près du temple était un puits ou une source profonde ; on y précipitait quelquefois une victime dévouée à *Frigga*, déesse de la terre. Elle était agréable à la déesse, si elle allait promptement au fond ; la déesse alors l'avait reçue. Dans le cas contraire, la déesse la refusait, et on la suspendait dans la forêt sacrée. Près du temple d'Upsal, on voyait un bois de cette espèce, dont chaque arbre et chaque feuille étaient regardés comme la chose la plus sainte. Ce bois, nommé le bois d'*Odin*, était rempli des corps des hommes et des animaux que l'on avait sacrifiés : on les enlevait quelquefois pour les brûler en l'honneur de *Thor*, ou le soleil ; et l'on ne doutait pas que l'holocauste ne lui eût été très-agréable, lorsque la fumée s'élevait directement. Lorsque l'on immolait une victime, le prêtre disait : *Je te dévoue à Odin, je l'envoie à Odin*, ou *je te dévoue pour la bonne récolte, pour le retour de la bonne saison*. La cérémonie se terminait par des festins où l'on déployait toute la magnificence connue dans ces temps-là. Les rois et les principaux seigneurs portaient les premiers des santés ou saluts en l'honneur des dieux ; chacun buvait ensuite en faisant sa prière ou son vœu.

Quelque horreur que nous ayons aujourd'hui pour les sacrifices humains, il est à remarquer d'après les rapports de l'histoire, que cet usage barbare était presque général sur la terre. Les Gaulois ont offert longtemps des hommes à leur dieu suprême, *Esus* ou *Teutat*. Les premiers habitants de la Sicile, de l'Italie, les Bretons, les Phéniciens, les Carthaginois, tous les peuples connus de l'Europe et de l'Asie se sont couverts du même opprobre. Les Péruviens, les Mexicains offraient habituellement des sacrifices humains. Les derniers immolèrent une fois, dans une seule occasion, cinq mille prisonniers de guerre. Les peuples errants de l'Afrique et de l'Amérique s'abandonnent encore à cette coupable démence. On cesse de s'en étonner, en songeant combien les nations ignorantes sont sujettes à tomber dans l'erreur. L'homme naît environné de dangers et de maux ; si la protection des lois et le secours des arts ne le rassurent point au sortir de l'enfance ; s'ils ne l'adoucissent pas et ne répandent pas dans son âme le calme et la modération que font germer les affections paisibles et sociales, il est bientôt environné de mille noires terreurs qui le rendent féroce et défiant. Tous les êtres qui partagent ses besoins deviennent en quelque sorte ses ennemis ; de là cette soif de vengeance et de destruction que les peuples ne peuvent assouvir lorsqu'ils n'ont aucun respect pour la justice et le droit sacré de la propriété ; de là cet impie préjugé qui leur fait imaginer les dieux sanguinaires comme eux ; de là ces lois de sang qui frappent avec un poignard le malheureux qui veut réclamer ses droits après qu'il a été dépouillé par le crime et la force réunis contre lui.

Le même esprit d'inquiétude qui portait les peuples de l'Asie et de la Grèce à chercher tous les moyens de pénétrer dans l'avenir, agissait avec non moins de pouvoir sur les peuples du Nord. En étudiant avec soin les phénomènes de la nature, ou plutôt ce qu'ils regardaient comme les actions visibles de la divinité, ils espérèrent parvenir à connaître ses goûts, ses inclinations et ses volontés. Les oracles, les augures, les divinations et mille pratiques de ce genre, naquirent en foule de cette opinion. Les trois *Parques*, dont nous avons déjà cité les noms, rendaient les oracles dans les temples. Celui d'Upsal était le plus célèbre par ses réponses comme par ses sacrifices.

On croyait généralement que les devins et les devineresses avaient des esprits familiers qui ne les quittaient point, et qu'ils pouvaient consulter sous la forme de petites idoles. On croyait que d'autres évoquaient les mânes de leurs tombeaux, et les forçaient à raconter les destinées. Odin annonçait qu'il avait ce pouvoir ; une *ode islandaise très-ancienne* le peint descendant aux enfers, où il consulte une prophétesse célèbre.

L'ignorance qui faisait regarder la poésie comme une chose surnaturelle, persuadait aussi que les lettres ou caractères *runiques* renfermaient des propriétés mystérieuses et magiques. Odin, que l'on regardait comme l'inventeur de ces caractères, assurait que, par leur moyen, il pouvait ressusciter les morts. Il y avait des lettres *runiques* pour obtenir la victoire, pour se préserver du poison, pour guérir les maux du corps, pour dissiper les chagrins. On employait les mêmes caractères dans tous les cas différents ; mais on variait leur combinaison, et la manière de les tracer. Tantôt c'était de la droite à la gauche, ou de la gauche à la droite ; quelquefois du haut en bas, ou en cercle, ou contre le cours du soleil.

Nous ne retracerons pas plus longuement le

spectacle humiliant de la crédulité, de l'ignorance et de l'erreur des hommes ; ce que nous avons rapporté suffit pour faire connaître et sentir combien il était nécessaire que les hommes fussent guidés par des lumières supérieures à celles de leur raison.

RECHERCHES SUR L'ANCIENNE RELIGION DES PREMIERS HABITANTS DE LA GRANDE-BRETAGNE.

Pendant l'enfance des états, comme pendant celle des hommes, les actions éclatantes sont rares, les arts et les sciences ne naissent qu'à la suite des siècles. Il en est de même des historiens, ils n'existent que parmi les nations déjà civilisées ; et si, quelques faits des premiers âges nous parviennent, ils sont exagérés ou altérés par des traditions incertaines.

Nous avons déjà fait remarquer que toutes les nations se donnent pour fondateurs des dieux ou des héros imaginaires ; nous avons montré les Grecs faisant des efforts pour voiler leur origine ; mais leurs fables mêmes (ce mélange bizarre de leurs souvenirs et des écarts de leur imagination) deviennent des monuments qui déposent en faveur de la vérité. Le nom d'un dieu, celui d'un sage inconnu jusqu'alors, et qu'il a fallu désigner par un mot pris dans une langue étrangère, sont les traces que la vérité laisse derrière elle, et que tous les efforts de l'amour-propre ne peuvent effacer.

Dans le tableau général que nous avons essayé de tracer pour faire connaître l'origine de l'idolâtrie et l'ensemble de la mythologie, on a pu reconnaître que c'est vers les contrées orientales qu'il faut porter ses regards, si l'on veut apercevoir le véritable berceau du genre humain. Plus on approfondit l'histoire, plus elle apprend que ces riches et belles contrées furent la terre natale de nos premiers pères, et qu'elles furent aussi le centre brillant d'où les arts et les sciences se répandirent sur le reste de l'univers.

Il serait beaucoup plus difficile, peut-être même impossible, d'indiquer comment et dans quel temps les îles Britanniques furent habitées. L'étude de l'histoire naturelle porte à croire qu'elles faisaient autrefois partie du continent de l'Europe ; mais ni la mémoire ni les monuments des hommes n'ont rien conservé qui puisse indiquer l'instant de cette séparation. C'est bien assez de porter ces observations sur les siècles qui ont laissé quelques vestiges, sans se perdre avec une inutile audace dans les époques imaginaires. La vanité humaine veut en vain reculer le temps ; ses plus longues périodes ne seront jamais qu'un point imperceptible au milieu de l'éternité qui les précède et les suit.

Sans prétendre indiquer le temps où l'Angleterre se peupla, il est probable que les Gaules furent habitées avant elle. Il est naturel de penser que les hommes ne se hasardèrent à traverser les mers et à se fixer dans les îles, que lorsqu'ils y furent forcés par une surabondance de population.

Nous savons que les Celtes étaient les maîtres de l'Europe depuis l'embouchure de l'Oby, en Russie, jusqu'au cap Finistère. La même langue adoptée chez des nations séparées les unes des autres par des pays immenses, est le seul monument qui nous reste ; mais il ne jette aucune lumière sur les commencements de leur histoire.

Les plus renommés de tous les Celtes sont ceux qui habitaient les Gaules, et c'est aux historiens des nations contre lesquelles ils ont eu des guerres fréquentes qu'ils doivent leur célébrité. Jules César et Tacite disent que la Grande-Bretagne fut le premier pays que peuplèrent les Celtes des Gaules.

La situation respective des lieux rend cette opinion probable, et la conformité de langage et de coutumes qui existait entre les Bretons et les Gaulois ne laisse aucun doute sur cette origine. Il paraît que la colonie gauloise s'établit d'abord dans la portion de l'île qui est vis-à-vis des Gaules ; elle s'étendit ensuite vers le nord, et peupla par degré l'île entière.

Quelle que soit l'origine des habitants de la Grande-Bretagne, ils furent assez nombreux et surtout assez courageux pour résister aux Romains, maîtres du reste du monde connu.

Leur gouvernement alors était un mélange de monarchie et d'aristocratie. Les chefs veillaient à l'exécution des lois ; mais le pouvoir législatif était entre les mains des druides. Les peuples regardaient comme les organes infaillibles de la divinité ces pontifes si célèbres par leurs divinations et celle de leurs femmes, par leur prétendu commerce avec le ciel, et par leur manière de vivre qui était aussi austère que retirée. C'était d'après les ordres de ces pontifes suprêmes que la nation se réunissait sous un seul chef, dont la magistrature, semblable à la dictature romaine, ne devait durer que le temps nécessaire pour écarter les dangers ou terminer les guerres.

Les druides conservèrent pendant longtemps cette grande autorité chez les Celtes, et surtout dans la Grande-Bretagne ; mais dès le second siècle, leur crédit baissa considérablement, parce que les guerres se multiplièrent, et parce que la noblesse, entraînée par son bouillant courage, ne se pressa plus autant d'entrer dans cet ordre. Le nombre des prêtres diminua, et les préceptes de la religion furent bientôt altérés et presque oubliés dans le tumulte des camps.

La victoire, en favorisant ceux des chefs que l'on nommait *Vergobrets* (titre égal à celui de rois), rendit leur pouvoir plus indépendant des druides. Tremnor, bisaïeul du célèbre Fingal, avait été élu vergobret par les tribus victorieuses qu'il avait conduites aux combats. Les druides députèrent vers lui pour lui ordonner de se démettre de son autorité. Le refus de Tremnor fit naître une guerre civile, dans laquelle un très-grand nombre de druides périrent ; ceux qui purent échapper au carnage se cachèrent au fond des forêts et des cavernes, où ils avaient coutume de se retirer pour se livrer à leurs méditations ; et les vergobrets, ou rois, s'emparèrent seuls de toute l'autorité.

Cependant les rois et les chefs des tribus, pour affermir leur pouvoir, pour rendre hommage à la religion, et pour avoir des chantres de leurs exploits, rappelèrent les bardes du fond des forêts. La fonction de ces druides, d'un rang inférieur, était de chanter les dieux et les héros. Les vainqueurs, jaloux d'immortaliser leurs noms, épargnèrent ces dispensateurs de la gloire ; ils les attirèrent dans leurs camps ; et la reconnaissance animant la poésie des bardes, ils peignirent leurs protecteurs comme des héros doués de toutes les vertus. Ces disciples des druides étaient admis à la science et associés aux mystères des premiers pontifes. Leur génie et leurs connaissances les élevaient au-dessus du vulgaire. Ils consacrèrent leurs chants à la peinture de toutes les vertus et de tous les sentiments héroïques. Les rois s'empressèrent de prendre pour modèles les héros des poèmes imaginés par les bardes. Les chefs des tribus s'efforcèrent d'égaler les rois ; et cette noble émulation, se communiquant à toute la nation, forma le caractère général des habitants de la Grande-Bretagne, qui, dans tous les temps, surent unir à la valeur fière des peuples libres les plus belles vertus des nations civilisées.

La gloire d'un grand peuple éveille le génie de l'homme sensible que la nature a doué d'une belle imagination ; il brûle d'immortaliser son pays. Le langage vulgaire lui paraît au-dessous des actions qu'il veut célébrer. Il sait que la mesure et l'harmonie imprimeront plus facilement ses récits dans la mémoire. Telle fut sans doute l'origine de la poésie chez tous les peuples, et cet art faisait partie de la religion des druides.

L'usage constant chez toutes les nations, de répéter les poèmes historiques dans les occasions solennelles, et de les faire apprendre aux enfants, a suffi pour les conserver longtemps sans le secours de l'écriture.

Les Germains ont transmis jusqu'au huitième siècle ces traditions poétiques ; il ne faut donc pas s'étonner si les habitants de la Grande-Bretagne, toujours si attachés au souvenir de leurs ancêtres, ont transmis de génération en génération les poèmes de leurs bardes. C'est à cet usage, conservé parmi les habitants les plus reculés des montagnes, que Macpherson a dû la possibilité de recueillir les poésies du célèbre Ossian.

Les bardes, après avoir été pendant longtemps les premiers instituteurs et les premiers historiens de leur pays, descendirent de ces hautes fonctions à celle d'être les flatteurs de ceux qui les protégeaient, ou les détracteurs de ceux qu'ils regardaient comme leurs ennemis. Les petites passions ont toujours la funeste propriété d'égarer et même déteindre le génie. Les bardes, en oubliant les nobles inspirations de leurs prédécesseurs, n'eurent plus d'autre pouvoir que celui d'amuser ou de flatter l'amour-propre. L'orgueil lui-même se lasse des éloges dont intérieurement il se reconnaît indigne : les grands dédaignèrent bientôt les basses flatteries des bardes. Ils ne furent plus accueillis que par la multitude ; mais, n'ayant plus assez de talents pour peindre la vérité sous des couleurs intéressantes, ils eurent recours aux inventions les plus puériles ; le ridicule merveilleux des châteaux enchantés, des fées, des nains, des géants, vint succéder aux tableaux les plus sublimes de la poésie ; cet abus fatigua le peuple lui-même ; il délaissa ces bardes : ils disparurent.

Les guerriers cependant conservèrent leur valeur, et ne voulurent point renoncer au brillant avantage d'entendre célébrer leurs exploits ; le courage et le noble désir de secourir les opprimés et de redresser les torts firent naître l'esprit de chevalerie ; il produisit des prodiges d'héroïsme, et les grandes actions réveillèrent le génie de quelques hommes. Ceux-ci vinrent remplacer les bardes, sous le nom de *Troubadours*. Il paraît que c'est jusque-là qu'il faut remonter pour trouver l'origine de ces romans de chevalerie, si singuliers et si beaux qu'ils causent encore aujourd'hui notre admiration. On doit se rappeler, en les lisant, que, pour attacher, ils avaient besoin d'être vraisemblables ; car l'art ne peut se faire aimer qu'en imitant bien la nature. Quelle idée ne devons-nous pas avoir des chevaliers que l'on a voulu peindre dans les *romans de la Table ronde, du Saint-Gréal, des Amadis* ! etc. etc.

Un esprit juste retranchera toujours de ces récits ce qui ne tient qu'au merveilleux, mais tout cœur noble et valeureux se gardera bien de révoquer en doute les prodiges de la vaillance.

Il est à remarquer que c'est dans la Grande-Bretagne que les Troubadours et les vieux romanciers placent les héros des premiers romans de chevalerie. Il faut aussi remarquer que tous les historiens, après avoir peint les druides comme des pontifes très-supérieurs à ceux des autres nations, se réunissent tous pour placer les druides de l'Angleterre au-dessus des druides des autres pays. Ils vantent ceux du collège de Chartres, ceux de la forêt de Marseille, ceux des environs de Toulouse ; mais tous ajoutent que, lorsque dans ces collèges on trouvait un sujet qui annonçait de grandes dispositions, on l'envoyait se perfectionner à l'école des druides de la Grande-Bretagne. Il résulte de cette suite d'observations que, dès les temps les plus anciens, les habitants de la Grande-Bretagne ont étonné le reste du monde par leur sagesse, leurs lumières et leur bravoure.

IDÉES RELIGIEUSES DES PREMIERS HABITANTS DE LA GRANDE-BRETAGNE.

Il paraît certain que les premiers Bretons n'élevaient aucun temple à la divinité. On trouve même dans les poésies d' Ossian, que ce barde sublime témoigne du mépris pour les temples et le culte d'*Odin*, dieu des Scandinaves, qu'il appelle *Loda*. Ossian représente ces peuples invoquant leur dieu, autour d'une statue qu'il appelle la *pierre du pouvoir*. Il blâme ce culte, et le regarde comme impie. Les druides, les bardes et les peuples qu'ils instruisaient, regardaient la nature entière comme le temple de la divinité. On ne peut douter qu'ils avaient des notions sur l'existence d'un être suprême, puisqu'ils croyaient à l'immortalité de l'âme, aux peines et aux récompenses dans l'autre vie.

Suivant leur opinion, les nuages étaient le séjour des âmes après le trépas ; les hommes vaillants et vertueux étaient reçus avec joie dans les *"palais aériens de leurs pères"*, tandis que les méchants, les lâches et les barbares étaient exclus de la demeure des héros, et condamnés à errer sur les vents. Il y avait différentes places dans les palais des nuages. Le mérite et la bravoure obtenaient la première, et cette idée servait à redoubler l'émulation des guerriers. L'âme conservait les mêmes goûts que pendant la vie. Les palais aériens n'offraient que les mêmes bonheurs que l'on avait toujours préférés.

On croyait que les âmes commandaient aux vents, aux tempêtes : mais leur pouvoir ne s'étendait pas jusque sur les hommes. Jamais un héros ne pouvait entrer dans le palais de ses pères, si les bardes n'avaient pas chanté sur lui l'hymne funèbre : cet hymne paraît avoir été la seule cérémonie essentielle de leurs funérailles. On étendait le corps sur une couche d'argile, au fond d'une fosse de six ou huit pieds de profondeur. On plaçait à côté d'un guerrier son épée et douze flèches. On recouvrait son corps d'une seconde couche d'argile, sur laquelle on mettait un bois de cerf ou de quelque autre bête fauve, quelquefois on tuait son dogue favori pour le placer sur cette couche d'argile. On recouvrait le tout d'une terre choisie, et quatre pierres rangées aux quatre côtés marquaient l'étendue de la tombe.

Un barde seul pouvait ouvrir les portes du palais aérien, en chantant l'hymne funèbre. L'oubli de cette cérémonie laissait l'âme dans les brouillards du lac *Légo* ou de quelques autres, et l'on attribuait aux âmes oubliées et malheureuses les maladies fréquentes, et quelquefois mortelles, que causent les vapeurs des lacs et des marais. On prévoit avec quel soin les bardes entretenaient les opinions qui rendaient leur ministère si consolant et si nécessaire.

On ne croyait point que la mort pût rompre les liens du sang et de l'amitié. Les ombres s'intéressaient à tous les événements heureux ou malheureux de leurs amis. Aucune nation dans le monde n'a donné plus de croyance aux apparitions. Les montagnards, surtout, semblant se plaire dans les plus sombres idées, allaient souvent passer des nuits au milieu des bruyères ; le sifflement des vents et le bruit des torrents leur faisaient croire qu'ils entendaient la voix des morts ; et lorsque le sommeil venait les surprendre au milieu de leurs rêveries, ils regardaient leurs songes comme des présages certains de l'avenir.

Les bons ou les mauvais esprits n'apparaissaient pas de la même manière : les bons se montraient à leurs amis pendant le jour et dans les vallées riantes et solitaires ; les mauvais ne se montraient jamais que pendant la nuit, au milieu des orages et des vents.

La mort ne détruisait pas le charme des belles ; leurs ombres conservaient les traits et les formes de leur beauté ; la terreur ne les environnait jamais ; et, lorsqu'elles traversaient les airs, leurs mouvements étaient gracieux, et le bruit léger qu'on entendait avait quelque chose de doux et de rassurant. Au moment d'exécuter une grande entreprise, on croyait que les âmes des pères descendaient de leurs nuages et venaient prédire le bon ou le mauvais succès : elles avertissaient du moins par quelques présages lorsqu'elles ne se laissaient pas apercevoir.

Chaque homme croyait avoir son ombre tutélaire qui le suivait sans cesse ; lorsque sa mort approchait, l'esprit protecteur se montrait à lui dans la situation où il devait mourir, et il poussait des cris plaintifs. A la mort des grands personnages, on était persuadé que les âmes des bardes morts chantaient pendant trois nuits autour de son fantôme.

On croyait généralement que, dès qu'un guerrier cessait d'exister, les armes qu'il avait dans la maison paraissaient teintes de sang ; que son ombre allait visiter le lieu de sa naissance, et qu'elle apparaissait à ses dogues, qui poussaient à son aspect des hurlements lugubres.

C'était aux esprits que l'on attribuait la plupart des effets naturels. L'écho venait-il frapper les oreilles, c'était l'esprit de la montagne que l'on entendait. Le bruit sourd qui précède les tempêtes était le rugissement de l'esprit de la colline. Si le vent faisait résonner les harpes des bardes, c'étaient les ombres qui, par ce tact léger, prédisaient la mort d'un grand personnage. Un chef ou un roi ne perdait jamais la vie sans que les harpes des bardes attachés à sa famille ne rendissent ce son prophétique.

On sent combien il paraissait consolant de peupler toute la nature des ombres de ses ancêtres et de ses amis, dont on se croyait sans cesse environné. Malgré toute la mélancolie qu'inspiraient ces idées, on sent combien elles avaient d'intérêt et de charmes : elles suffisaient pour attacher et remplir l'imagination. C'est à cette cause, sans doute, qu'il faut attribuer le petit nombre des divinités que l'on honorait en Angleterre ; il paraît même certain qu'*Ésus*, *Dis*, *Pluton*, *Samothès*, *Teutatès* et quelques autres dieux n'étaient parvenus à leur connaissance que par leur communication avec les étrangers. Les Pictes et les Saxons leur firent connaître leur *Andate*, déesse de la victoire : les Romains leur apportèrent aussi quelques-uns de leurs dieux. Tacite et Dion Cassius "assurent que ce furent les Gaulois qui apportèrent en Angleterre l'horrible coutume d'immoler des victimes humaines". En étendant plus loin ces recherches, on retrouverait aussi des vestiges du culte des Phéniciens ; car tout sert à prouver que, dès les temps les plus reculés, ces premiers navigateurs du monde venaient apporter leurs marchandises dans la Grande-Bretagne, et les changeaient contre de l'étain ; mais nous n'entrerons pas dans de plus grands détails sur ces cultes venus des étrangers, puisque toutes les histoires, toutes les traditions et toutes les coutumes prouvent jusqu'à l'évidence que la religion des druides était la seule qui fût généralement adoptée.

Nous allons nous occuper du soin de faire connaître ce que l'histoire et les traditions ont conservé de plus certain sur ces hommes si célèbres.

DES DRUIDES.

César et Tacite se contredisent ; "le premier, en disant que la religion des druides avait pris naissance en Angleterre ; "le second, en disant que les Gaulois, en peuplant cette île, y avaient porté leurs mystères".

« Pour concilier les deux auteurs, dit M. l'abbé Banier, on peut croire que les Gaulois, en passant en Angleterre, y portèrent leur religion, mais que ces insulaires, plus réfléchis et moins en guerre contre les autres nations que ne l'étaient les Gaulois, en conservèrent toute la pureté. Telle est, ajoute-t-il, l'origine du respect profond que les druides des Gaules avaient pour ceux de l'Angleterre, qu'ils regardaient comme leurs plus habiles maîtres.

« Le monde, poursuit M. l'abbé Banier, ne forma d'abord qu'une seule famille et n'eut qu'une seule croyance. Les hommes, en se séparant, ont altéré la pureté de leur religion primitive. Les uns, venus parterre du côté du Nord, sous le nom de *Scythes*, de *Celto-Scythes* et de *Celtes*, ont peuplé les vastes contrées qui nous séparent de l'Asie ; les autres, plus hardis, ont tenté les périls de la mer. L'histoire prouve que les Phéniciens et les Carthaginois ont pénétré jusqu'au fond de l'occident ; de là, sans doute, cette ressemblance de culte entre des peuples séparés par tant de mers et tant de terres. »

Ce rapprochement explique parfaitement le parallèle que l'on a fait si souvent entre les mages et les druides, et prouve que les Gaulois tenaient leur religion des Perses, ou du moins des peuples qui les avoisinaient par le nord.

Les mages et les druides, également considérés dans leur pays, étaient toujours consultés dans les matières de grande importance. Ils étaient les uns et les autres seuls ministres de leur religion. Les mages rejetaient l'opinion qui donne aux dieux une origine humaine, et ne les séparaient point en dieux et en déesses. Il en était de même parmi les druides. Les uns et les autres gouvernaient l'état ; les rois les consultaient. Leur habit blanc se ressemblait. Les ornements d'or leur étaient interdits également. Organes et protecteurs de la justice, ils rendaient les sentences, et veillaient sur ceux qu'ils chargeaient de cette auguste fonction. L'immortalité de l'âme était le point capital de la croyance chez les Perses et chez les Gaulois ; ni les uns ni les autres n'avaient de temples ni de statues. Les Perses adoraient le feu ; les druides entretenaient un feu éternel dans leurs forêts. Les Perses rendaient à l'eau un culte religieux ; les Gaulois rendaient les mêmes honneurs à cet élément. Ces ressemblances suffisent pour faire croire que la religion des mages et celle des druides avaient la même origine ; les différences que l'on y trouvait peuvent avoir été causées par les guerres, l'éloignement et le temps.

La religion des Gaulois paraît avoir été toujours plus pure que celle des autres peuples : leurs idées sur la divinité étaient bien plus justes et bien plus spirituelles que celles des Grecs et des Romains. Tacite, Maxime de Tyr et les autres historiens, nous apprennent que les druides étaient persuadés qu'on doit honorer l'Être suprême par le respect et le silence autant que par les sacrifices ; mais cette première simplicité n'existait plus même avant les conquêtes des Romains. Les druides oubliant leur première sagesse, s'adonnèrent à la divination, à la magie, et tolérèrent ces horribles sacrifices dans lesquels on immolait des victimes humaines à *Ésus* et à *Teutatès*. Tacite, Lactance et Lucain nous attestent cette cruelle dégradation.

Les conquêtes de Jules César introduisirent de nouveaux dieux dans les Gaules, et l'on y bâtit alors les premiers temples, tandis que les druides de la Grande-Bretagne continuèrent l'exercice de leur antique religion, au milieu des forêts dont les ombres majestueuses inspiraient une frayeur religieuse. Les bois étaient si sacrés parmi eux, qu'il n'était pas permis de les abattre ; on ne pouvait s'en approcher qu'avec un respect religieux, et seulement pour les orner de fleurs et de trophées. On ne pouvait employer aux usages ordinaires certains arbres, même lorsqu'ils tombaient de vétusté. Ce respect tenait à la grande idée qu'ils avaient de la divinité ; ils étaient persuadés que des temples ne pouvaient la renfermer, et que des statues ne pouvaient pas la représenter.

Les Gaulois avaient aussi le plus grand respect pour les lacs et les marais, parce qu'ils croyaient que la divinité se plaisait à les habiter : le plus célèbre de ces lacs était celui de Toulouse, dans lequel on jetait l'or et l'argent pris sur les ennemis. On joignait à ce culte celui des fleuves, des rivières, des fontaines et du feu.

Les Gaulois avaient au milieu de leurs forêts des espaces consacrés au culte et aux cérémonies religieuses. C'était là qu'ils enfouissaient les trésors pris sur les ennemis, et que l'on immolait les prisonniers ; on les renfermait dans des colosses d'osier, on les environnait ensuite de matières combustibles, et le feu les consumait. César fit piller ces lieux secrets par les troupes ; c'est de là que des historiens mal instruits ont assuré que les anciens Gaulois avaient des temples, "« et ces peuples, dit "Tacite ", n'ont pour temple qu'une forêt, où ils s'acquittent des devoirs de leur religion. Personne ne peut entrer dans ce bois s'il ne porte une chaîne, marque de sa dépendance et du domaine suprême que Dieu a sur lui. »"

Rien n'est plus célèbre dans l'histoire des anciens Gaulois, que les forêts du pays de Chartres. Les forêts de Marseille et de Toulouse étaient presque aussi célèbres. C'était au milieu d'elles que se rassemblaient les écoles des druides des Gaules. Chartres était pour ainsi dire la métropole des Gaules ; mais ces trois collèges se réunissaient pour reconnaître la supériorité de lumières qu'avaient sur eux les druides de la Grande-Bretagne.

DES DIFFÉRENTES CLASSES DES DRUIDES ; DE LEUR MANIÈRE DE VIVRE, DE LEURS HABILLEMENTS ET DE LEURS FONCTIONS.

Le nom des druides vient sans aucun doute, du mot celtique *deru*, qui veut dire *chêne*. Ces ministres se divisaient en différentes classes. Les druides composaient la première ; ils étaient les chefs suprêmes, et ceux qui les suivaient étaient tellement leurs inférieurs, que, par respect, ils devaient s'éloigner aussitôt que les druides paraissaient. Ils ne pouvaient rester en leur présence qu'après en avoir obtenu la permission. Les ministres inférieurs étaient les *bardes*, les *saronides* et les *eubages* ou *vates*.

Les bardes, dont le nom celtique veut dire un chantre, célébraient en vers les actions des héros, et les chantaient en s'accompagnant avec des harpes. On attachait un si grand prix à leurs vers, qu'ils suffisaient pour immortaliser. Ces bardes, quoique moins puissants que les druides, jouissaient d'une si grande considération que, s'ils se présentaient au moment où deux armées allaient en venir au combat, ou l'avaient même commencé, on déposait les armes pour écouter leurs propositions. Ils ne se bornaient pas à faire l'éloge des héros ; ils avaient aussi le droit de censurer les actions des particuliers qui s'écartaient de leurs devoirs.

Les saronides instruisaient la jeunesse et lui inspiraient des sentiments vertueux.

Les eubages ou vates avaient le soin des sacrifices, et s'appliquaient à la contemplation de la nature. Par la suite des temps, les druides réservèrent à eux seuls les fonctions de la religion, et les ministres subalternes n'exercèrent plus aucun emploi que par la permission des druides.

L'origine de ces pontifes se perd dans l'antiquité la plus reculée. Aristote, Phocion et beaucoup d'autres avant eux, les peignent comme les hommes les plus sages et les plus éclairés en matière de religion. On avait une si grande idée de leur savoir, que Cicéron "dit qu'ils furent les inventeurs de la mythologie".

Les druides cachés dans leurs forêts, y menaient la vie la plus austère. C'était là que les nations allaient les consulter ; et Jules César, qui n'admirait ordinairement que les vertus d'éclat, fut tellement étonné de leur manière de vivre et de leur science, qu'il ne put leur refuser son estime.

Les druides formaient différents collèges dans les Gaules : le plus célèbre de tous était celui du pays Chartrain : le chef de ce collège était le souverain pontife des Gaules. C'était dans les bois de cette contrée que s'offraient les grands sacrifices, et que les grands du pays et les généraux se rassemblaient.

Après le collège de Chartres, celui de Marseille était le plus considérable ; rien n'était plus renommé que la forêt de ce pays ; et Lucain inspire une sorte de frayeur religieuse, lorsqu'il peint la manière dont César la fit abattre.

Les jeunes et les vieux druides avaient tous les mêmes principes et les mêmes règles. Leurs habillements cependant différaient un peu, selon les provinces où ils vivaient et selon les grades qu'ils occupaient.

La cérémonie de la profession se faisait en recevant l'accolade des vieux druides. Le candidat, après l'avoir reçue, quittait l'habillement ordinaire pour se revêtir de celui des druides, qui était une tunique qui n'allait que jusqu'à la moitié des jambes. Cet habillement désignait le sacerdoce, et jamais les femmes ne pouvaient y être admises.

L'autorité des druides était si grande, qu'on n'entreprenait aucune affaire sans les consulter. Ils présidaient aux états, décidaient la paix ou la guerre à leur gré, punissaient les coupables, et pouvaient déposer les magistrats et même les rois, lorsqu'ils n'observaient pas les lois du pays. Leur rang était supérieur à celui des nobles. Tout pliait devant eux ; et c'était à leurs soins que l'on confiait l'éducation de la jeunesse la plus distinguée, de sorte qu'ils la préparaient, dès ses premières années, à se pénétrer de respect pour les druides.

C'était à eux qu'appartenait le droit de créer chaque aimée les magistrats qui devaient gouverner les cités. Ils pouvaient élever un de ces magistrats jusqu'à la dignité de vergobret, qui égalait celle des rois ; mais ce prétendu roi ne pouvait rien faire sans l'avis des druides. Eux seuls convoquaient le conseil ; de sorte que les vergobrets n'étaient vraiment que les ministres et les premiers sujets des druides.

Arbitres suprêmes de tous les différents, de tous les intérêts des peuples, la justice ne se rendait que par leur ministère. Ils décidaient également des affaires publiques et des affaires particulières. Lorsque, dans un procès, ils adjugeaient un bien disputé à celui qu'ils désignaient comme le légitime possesseur, son adversaire devait se soumettre, ou il était frappé d'anathème, et dès lors tout sacrifice lui était interdit ; la nation entière le regardait comme impie, et n'osait plus communiquer avec lui.

Les druides étaient chargés de tous les détails de la religion, ce qui leur donnait un pouvoir sans bornes ; sacrifices, offrandes, prières publiques et particulières, science de prédire l'avenir, soin de consulter les dieux, de répondre en leur nom, d'étudier la nature ; droit d'établir de nouvelles cérémonies, de nouvelles lois, de veiller à l'exécution des anciennes ou de les réformer, telles étaient les fonctions et les pouvoirs illimités dont ils jouissaient sans aucune contestation.

Leur état les dispensait d'aller à la guerre et les exemptait de tout impôt. Le nombre des aspirants à cet ordre était immense, et l'on y admettait tous les états et toutes les professions ; mais l'on était arrêté par les longueurs du noviciat, et par l'indispensable nécessité d'apprendre et de retenir dans la mémoire le nombre prodigieux des vers qui contenaient les maximes sur la religion et sur le gouvernement politique.

Les femmes gauloises pouvaient anciennement être admises au rang des druidesses ; elles jouissaient alors de toutes les prérogatives de l'ordre, mais elles exerçaient leurs fonctions séparément des hommes. Leurs divinations les avaient rendues plus célèbres que les druides eux-mêmes.

Lorsque Annibal passa les Gaules, elles jouissaient encore des droits suprêmes ; car il était dit, dans un traité qu'il fit avec les Gaulois : Si quelque Carthaginois faisait tort à un Gaulois, la cause serait portée au tribunal des femmes gauloises. Par la suite des temps, les druides les dépouillèrent de cette autorité ; mais on ignore l'époque de leur usurpation.

DOCTRINE DES DRUIDES ; LEURS SUPERSTITIONS ; CÉRÉMONIE DU GUI DE CHÊNE.

Toute la doctrine des druides tendait à rendre les hommes sages, justes, vaillants et religieux. Les points fondamentaux de cette doctrine se réduisaient à trois : Adorez les dieux, ne nuisez à personne et soyez courageux. "Leur science, dit "Pomponius Méla", était de connaître la forme et la grandeur de l'Être suprême, le cours des astres et des révolutions ; ils prétendaient connaître l'ensemble de l'univers, et la retraite dans laquelle ils vivaient leur laissait tout le temps nécessaire pour s'instruire."

On ne peut douter que les druides et les Gaulois n'aient regardé l'âme comme immortelle ; c'était la seule persuasion de ce dogme qui leur faisait regarder la mort comme un moyen assuré de parvenir à une vie plus heureuse. Ils mettaient une grande différence entre ceux qui mouraient paisiblement au milieu de leurs parents ou amis, et ceux qui perdaient la vie en servant la patrie. Les premiers étaient enterrés sans cérémonie, sans éloges, sans les chansons composées en l'honneur des morts. On croyait que les guerriers se survivaient à eux-mêmes ; on transmettait leurs noms aux générations futures, et ils allaient goûter un bonheur éternel dans le sein de la divinité. Eux seuls avaient des tombeaux, des épitaphes ; mais le dogme de l'immortalité de l'âme n'en était pas moins général : il ne peut souffrir de partage, et les druides le professaient clairement ; mais on regardait seulement comme entièrement condamnés à l'oubli des hommes ceux qui n'avaient illustré leur vie par aucune action guerrière, éclatante, ou utile au bien général. Cet usage se fondait sur le génie belliqueux des Gaulois et des autres Celtes, qui ne prisaient rien autant que la profession des armes.

Les druides enseignaient qu'un jour l'eau et le feu détruiraient toutes choses, ils croyaient à la métempsycose, qu'ils n'avaient pu apprendre de Pythagore, puisqu'ils l'enseignaient longtemps avant que ce philosophe voyageât dans les Gaules.

De temps immémorial ils avaient l'usage

d'ensevelir les morts ou de renfermer les cendres dans des urnes. Ils plaçaient dans les tombeaux les armes des morts, leurs meubles précieux, et les cédules de l'argent qu'ils avaient prêté. Ils écrivaient même des lettres à leurs amis, quoique morts. L'une de leurs maximes était que toute lettre jetée dans la tombe arrivait à son adresse.

Les druides communiquaient de vive voix leurs sciences et leur doctrine à leurs candidats, dont le noviciat était extrêmement long. Jamais ils n'écrivaient leurs maximes ni rien de leurs sciences. C'était en vers qu'ils rédigeaient toutes les connaissances, et il fallait les apprendre de mémoire. Ces vers étaient en si grand nombre, qu'il fallait souvent quinze et jusqu'à vingt années pour les apprendre et les retenir. "La doctrine des druides, dit "Jules-César ", était mystérieuse, et ne pouvait être connue de personne."

Les druides cultivaient aussi la médecine ; on leur accordait sur ce point une confiance sans bornes, parce que l'on était persuadé qu'ils connaissaient l'influence des astres, et qu'ils lisaient dans l'avenir. Ces sages, si respectés d'abord et si dignes de l'être, finirent par s'adonner à l'astrologie, à la magie et à la divination, dans l'espoir d'augmenter leur crédit et leur autorité : ils avaient reconnu que les peuples sont toujours plus amoureux du merveilleux que de la vérité. Ils avaient quelques connaissances de la botanique ; mais ils mêlaient tant de pratiques superstitieuses à la manière dont ils cueillaient leurs plantes, qu'il était facile de voir qu'ils n'en connaissaient qu'un très-petit nombre. Pline "rapporte la manière dont ils cueillaient la *selage* ; il fallait l'arracher sans couteau et de la main droite, qui devait être couverte d'une partie de la robe ; on la faisait ensuite passer dans la main gauche avec vitesse, comme si on l'avait dérobée ; il fallait en outre être vêtu de blanc, avoir les pieds nus, et avoir offert un sacrifice avec du pain et du vin."

La verveine se cueillait avant le lever du soleil, le premier jour de la canicule, après qu'on avait offert à la terre un sacrifice d'expiation, dans lequel on employait des fruits et du miel ; cette plante, ayant été cueillie de cette manière, avait, disaient-ils, toutes les vertus. Elle guérissait toutes les maladies, il ne fallait que s'en frotter pour obtenir tout ce que l'on désirait ; elle avait le pouvoir de concilier les cœurs aliénés par l'inimitié ; tous ceux que cette plante pouvait toucher sentaient à l'instant la paix et la gaîté naître au fond de leur cœur.

Il faut aussi ranger au nombre de leurs superstitions leur persuasion qu'à la mort des grands personnages leurs âmes excitaient des orages et des tempêtes. Le bruit du tonnerre, tous les mouvements extraordinaires et violents de la nature, tous les météores, annonçaient, selon eux, la mort d'un grand personnage.

Les druides se plaisait à laisser croire qu'ils pouvaient changer de forme à leur gré, et qu'ils pouvaient se faire transporter dans les airs ; mais la plus cruelle de toutes les superstitions était celle d'immoler des victimes humaines. Cet usage barbare ne put être aboli que par l'extinction du druidisme. Les édits nombreux des empereurs romains contre ce crime prouvent son existence.

La plus solennelle de toutes les cérémonies était celle de cueillir le gui de chêne. Cette plante parasite naît sur quelques autres arbres ; mais les druides croyaient que Dieu avait principalement choisi le chêne pour lui confier cette plante précieuse. Ils parcouraient les forêts pour la chercher avec le plus grand soin. Ils se félicitaient entre eux lorsqu'après de longues et pénibles recherches ils pouvaient en découvrir une certaine quantité.

On ne pouvait cueillir cette plante qu'au mois de décembre et le sixième jour de la lune. Ce mois et le nombre six étaient sacrés pour eux.

C'était toujours le six de la lune qu'ils faisaient leurs principaux actes de religion.

Au jour destiné pour la cérémonie de cueillir le gui, on s'assemblait avec le plus grand éclat, on allait en procession vers les lieux où se trouvait la plante ; deux devins marchaient en avant en chantant des hymnes et des cantiques. Un héraut, portant un caducée, venait après eux ; trois druides le suivaient, et portaient les instruments nécessaires pour le sacrifice ; enfin le chef des pontifes, revêtu d'une robe blanche, terminait cette procession, et une foule immense marchait à sa suite. Lorsque l'on était parvenu au pied de l'arbre, le chef des druides montait sur le chêne, coupait le gui avec une faucille d'or, et les druides le recevaient avec un grand respect dans le *sagum*, espèce de saie blanche.

Après l'avoir reçu, l'on immolait deux taureaux blancs ; un festin suivait, et lorsqu'il était terminé, on adressait des prières à la divinité, pour qu'elle attachât à cette plante un bonheur qui pût se faire sentir à tous ceux à qui on en distribuait des parcelles.

C'était au premier jour de l'an que l'on sacrait le gui et qu'on le distribuait au peuple.

PRINCIPALES MAXIMES DES DRUIDES.

Nous allons donner les maximes principales des druides, telles qu'elles sont parvenues jusqu'à nous : mais nous prions d'observer que la tradition-seule a pu les conserver, puisque les druides ne les écrivaient jamais : il est même probable quelles ont été composées d'après ce que l'antiquité nous apprend sur leur doctrine.

1°. Il faut être enseigné dans les bocages par les prêtres sacrés.

2°. Le gui doit être cueilli avec un grand respect, toujours, s'il est possible, le sixième jour de la lune, et il faut se servir d'une faucille d'or pour le couper.

3°. Tout ce qui naît tire son origine du ciel.

4°. On ne doit pas confier le secret des

sciences à l'écriture, mais seulement à la mémoire.

5°. Il faut avoir grand soin de l'éducation des enfants.

6°. Les désobéissants doivent être éloignés des sacrifices.

7°. Les âmes sont immortelles.

8°. Les âmes passent dans d'autres corps après la mort de ceux qu'elles ont animés.

9°. Si le monde périt, ce sera par l'eau ou par le feu.

10°. Dans les occasions extraordinaires il faut immoler un homme. On pourra prédire l'avenir selon que le corps tombera, selon que son sang coulera, ou selon que la plaie s'ouvrira.

11°. Les prisonniers de guerre doivent être immolés sur des autels, ou être enfermés dans des paniers d'osier, pour être brûlés vifs en l'honneur des dieux.

12°. Il ne faut pas permettre le commerce avec les étrangers.

13°. Celui qui arrivera le dernier à l'assemblée des états, doit être puni de mort.

14°. Les enfants doivent être élevés jusqu'à l'âge de quatorze ans hors de la présence de leurs père et mère.

15°. L'argent prêté en cette vie sera rendu aux créanciers dans l'autre monde.

16°. Il y a un autre monde, et les amis qui se donnent la mort pour accompagner leurs amis y vivront avec eux.

17°. Toutes les lettres données au mourant ou jetées dans les bûchers sont fidèlement rendues dans l'autre monde.

18°. Que le désobéissant soit chassé, qu'il ne reçoive aucune justice, qu'il ne soit reçu dans aucun emploi.

19°. Tous les pères de famille sont rois dans leurs maisons ; ils ont puissance de vie et de mort sur leurs femmes, leurs enfants, et leurs esclaves.

Telles sont les principales maximes recueillies des druides ; il suffit de les parcourir, pour apercevoir combien il était facile à ces pontifes de commander à l'opinion et de subjuguer tous les esprits, en les voyant s'emparer de la première éducation de la jeunesse, et frapper d'anathème quiconque oserait leur désobéir.

DES DRUIDESSES.

Nous avons déjà dit que toute la morale des druides se réduisait à trois points principaux. Honorez les dieux, ne nuisez à personne, et soyez courageux. Comment concilier avec ces maximes sublimes celle qui donne aux pères de famille droit de vie et de mort sur leurs femmes, leurs enfants et leurs esclaves ? "« L'autorité paternelle et domestique, dit l'abbé "Banier ", n'était fondée sur aucune loi positive, mais seulement sur le respect et l'amour. »" Jules-César et Tacite se plaisent sans cesse à peindre le respect que les Gaulois et les Germains avaient pour leurs femmes ; celles des druides partageaient l'autorité de leurs époux ; elles étaient consultées dans les affaires politiques et dans celles de la religion ; il y avait même dans les Gaules des temples élevés depuis les conquêtes des Romains, dans lesquels les druidesses seules ordonnaient et réglaient tout ce qui concernait la religion, et dont l'entrée était interdite aux hommes.

"Les Celtes et les Gaulois, dit M. "Mallet" dans son excellente *Introduction à l'histoire de Danemark*", s'étaient montrés bien supérieurs aux Orientaux, qui passent de l'adoration au mépris, et des sentiments d'un amour idolâtre à ceux d'une jalousie inhumaine, ou à ceux d'une indifférence plus insultante encore que la jalousie." Les Celtes regardaient leurs femmes comme des égales et des compagnes dont l'estime et la tendresse ne pouvaient être glorieusement acquises que par des égards, des procédés généreux et des efforts de courage et de vertu.

Les poésies d'Ossian prouvent que les habitants des îles Britanniques ont toujours porté ce respect et ces égards aussi loin qu'aucune autre nation du monde. Fidèles à la beauté que leur cœur avait choisie, ils n'eurent jamais plusieurs femmes à la fois, et souvent les épouses déguisées suivaient le héros à la guerre.

Dans les temps brillants de la chevalerie, nous trouvons sans cesse les tableaux de ces mêmes mœurs et de ce même respect pour les femmes ; la reconnaissance venait encore y ajouter ; car, dès qu'un chevalier était blessé, les dames s'empressaient à le servir, et presque toutes connaissaient l'art de panser les blessures. Elles ne se bornaient pas à ces soins ; pendant le temps de la convalescence, le charme de leur conversation servait à modérer le courage bouillant des chevaliers ; et, pour mieux rappeler leurs travaux à leur souvenir, elles leur lisaient les poèmes et les romans dans lesquels on mettait en action tout ce que l'héroïsme peut produire.

Nous croyons donc pouvoir douter de la vérité de la maxime atroce qui donnait aux druides l'horrible droit d'abuser de la force pour opprimer et même quelquefois égorger l'innocence et la faiblesse. Ces pontifes étaient jaloux de leur autorité ; mais elle était si grande et si bien reconnue, que, pour la maintenir, ils n'avaient pas besoin d'être cruels dans leurs familles. Tous les peuples tombaient à leurs pieds, rien n'était au-dessus de leur puissance ; comment auraient-ils pu se plaire à remplir de terreur les compagnes qui seules pouvaient donner des charmes à leur solitude, les enfants qui devaient perpétuer leur mémoire, et les esclaves qui veillaient à prévoir et à satisfaire tous leurs besoins ? Cette maxime, si elle est vraie, ne peut appartenir qu'au temps de la plus grande dégradation des druides et des Gaulois.

Il existait trois sortes de druidesses : les premières vivaient dans le célibat ; les secondes, quoique mariées, demeuraient dans les temples qu'elles desservaient, et ne voyaient leurs maris que pendant un seul jour de l'année ; enfin les troisièmes ne quittaient point leurs époux, et prenaient soin de l'intérieur de la famille.

Malgré ces différences, les druidesses ne formaient véritablement que deux classes. La première était composée de prêtresses, et les femmes de la seconde classe n'étaient que les ministres des prêtresses, dont elles devaient exécuter les ordres.

La demeure la plus ordinaire des druidesses était dans les îles qui bordent les côtes des Gaules et de l'Angleterre. Les druides en habitaient aussi quelques-unes ; mais alors on n'y rencontrait point de druidesses. C'était dans ces îles que les druides, ou les druidesses, s'exerçaient le plus à la magie. Les peuples des Gaules et de l'Angleterre croyaient généralement qu'ils pouvaient exciter à leur gré les orages et les tempêtes.

L'inquiète curiosité des hommes place le pouvoir de lire dans l'avenir au-dessus de tous les autres. Les druides, après avoir persuadé aux peuples qu'ils connaissaient les influences des astres et les événements futurs, abandonnèrent presque entièrement à leurs femmes cette portion de leur ministère.

Témoins du respect presque idolâtre que les Gaulois et les Germains avaient pour les femmes, ils sentirent qu'elles auraient bien plus qu'eux le don de persuader et de faire croire à leurs prédictions. Ils leur renvoyèrent toutes les questions sur l'avenir ; elles firent des réponses si habiles, que leur réputation se répandit dans tout l'univers ; on venait les consulter de toutes parts, et leurs décisions inspiraient infiniment plus de confiance que les oracles de la Grèce et de l'Italie. Les empereurs les firent souvent consulter lorsqu'ils furent les maîtres des Gaules. L'histoire a conservé grand nombre de leurs réponses, et ne fait aucune mention particulière de celles des druides.

Nous terminerons cet article en citant ce que l'on connaît de plus certain sur le moment où les druides et les druidesses furent entièrement abolis.

Suétone, Aurélius Victor et Sénèque, soutiennent que ce fut sous l'empire de Claude ; mais comme ils subsistèrent beaucoup plus long-temps. Il paraît qu'ils n'ont voulu parler que des sacrifices humains dont cet empereur leur interdit absolument l'usage. On trouvait encore des druides dans le pays Chartrain jusqu'au milieu du cinquième siècle. Il paraît certain que leur ordre ne cessa d'exister qu'au temps où le christianisme triompha entièrement des superstitions des Gaulois ; et ce triomphe n'arriva que très-tard dans quelques provinces.

Copyright © 2021 par FV Éditions
Couverture : *Tor's Fight with the Giants*, Mårten Eskil Winge.
Gravure : *Odin and his two brothers create the world out of the body of Ymir*, Lorenz Frølich
ISBN Ebook : 979-10-299-1325-9
ISBN Livre broché : 979-10-299-1326-6
Tous Droits Réservés

∽

Du même Auteur

La Mythologie comparée avec l'histoire

www.ingramcontent.com/pod-product-compliance
Lightning Source LLC
LaVergne TN
LVHW031607060526
838201LV00063B/4760